品成

阅读经典　品味成长

自我领导

陆 熹 著

人民邮电出版社

北京

图书在版编目（CIP）数据

自我领导 / 陆熹著. -- 北京：人民邮电出版社，
2025. -- ISBN 978-7-115-67151-6

Ⅰ. C912.1

中国国家版本馆 CIP 数据核字第 20253HU247 号

◆ 著　　　　陆　熹
　责任编辑　郑　婷
　责任印制　马振武

◆ 人民邮电出版社出版发行　　北京市丰台区成寿寺路 11 号
　邮编 100164　　电子邮件 315@ptpress.com.cn
　网址 https://www.ptpress.com.cn
　涿州市京南印刷厂印刷

◆ 开本：880×1230　1/32
　印张：8.25　　　　　　　　2025 年 7 月第 1 版
　字数：150 千字　　　　　　2025 年 7 月河北第 1 次印刷

定价：69.80 元

读者服务热线：（010）81055671　印装质量热线：（010）81055316
反盗版热线：（010）81055315

送给我的女儿

宁妙伊

在不确定时代，成为自己的灯塔

文 / 场景实验室创始人、场景方法论提出者 吴声

　　我喜欢尼采的那句话——"在自己身上，克服这个时代。"但今天汹涌的 AI 浪潮让我不得不修正这句话——"在自己身上，拥抱这个时代。"

　　每个时代都有它的隐喻，当生成式 AI 如潮水般漫过商业的堤岸时，我们熟悉的组织形态、个体价值乃至领导力的定义，都在经历一场静默而深刻的解构——陆熹的《自我领导》就诞生于这样的时刻。它不是一本关于技术的操作手册，而是一本关于"人如何在机器智能崛起时代保持主体性"的思考与方法指南。如果说，很多年前《第五项修炼：学习型组织的艺术与实践》引发了人们对学习型组织的思考，那么通过彼得·圣吉（Peter Senge）的定义，我们得知，智能时代，每个人都需要重启自己的"创造性张力"（creative tension）。从这个意义上看，本书可谓"恰逢其时"。

一、超级个体的崛起：从"工具依赖"到"意义创造"

《浪潮将至：技术、权力与未来的冲击》中描述的未来正在成为现实：AI 不再是被动的工具，而成为人类认知的延伸。但比技术更关键的变量在于——人如何定义自己的角色。李飞飞在自传里传达出的信息是，科学不是冰冷的公式，而是对真理的谦卑追问。这种追问，在 AI 时代演变为一种新型领导力：超级个体不再追求全能，而是通过"与 AI 共生"放大自身的独特性。

老子云："知人者智，自知者明。"当算法可以接管 90% 的重复性工作时，剩下的 10% 恰恰代表人性中最闪耀的部分：直觉、共情、跨界连接。陆熹笔下的 AI 领导力，本质上是一种"减法哲学"——剔除掉可被机器替代的部分，专注于那些只有人才能创造的"非标价值"。就像敦煌壁画中的"飞天"，它的美恰恰来自画工无法被复制的笔触颤抖。

二、组织变形记：从"科层金字塔"到"生态神经元"

《论语》有云："君子不器。"传统组织如同精美的瓷器，结构精巧却易碎；而 AI 驱动的新型组织则像一片森林——每个个体都是独立的树木，其根系却相互连接。陆熹犀利地指出，未来的竞争力不在于企业规模，而在于 AI、个体创造力与组织协同力所产生的乘数效应。

我曾观察过一家用 AI 重构供应链的服装公司。设计师的灵感通过生成模型瞬间变成 3D 样衣，工厂机器人根据实时销售数据调整生产计划，所有决策不再依赖中层管理者，而是由算法与人的直觉共同驱动。这种模式颠覆了马克斯·韦伯（Max Weber）的官僚制理论——权力正在从职位转移到由数据与创造力形成的场域。

"应无所住而生其心。"组织的本质不再是固化的架构，而是像水一样拥有随时改变形状的能力。当 ChatGPT 和豆包可以轻松写出季度报告时，CEO 的价值反而体现在"提问的艺术"上——正如陆熹所言，最好的管理不是控制，而是提出正确的问题。

三、领导力新范式：在混沌中锚定人的尺度

我们正站在文明的岔路口。我在 2020 年出版的图书《场景纪元：从数字到场景的新商业进化》中预言的"体验经济"已进化为"共情经济"——当 AI 可以完美模拟人的情感时，真实的人类情感联结反而成为奢侈品。陆熹的理念在于，自我领导的终极目标不是效率最大化，而是唤醒每个个体的"完整人性"。

"君子求诸己。"在算法"统治"的时代，真正的领导力恰恰始于自我觉察：你知道自己的算法盲区吗？你能识别哪些决策必须保留人类的温度吗？

未来的组织将体现《周易》中所讲的"变爻"概念，需要我们在确定性与不确定性之间找到平衡点。陆熹提出的自我领导新范

式，正是组织内构建这一平衡的关键支点，通过将"个体小环境"嵌入"生态大系统"，建立分布式的风险应对机制，从而缓解系统压力，增强组织韧性，使个体与组织得以协同进化、共同受益——"人人自我领导"将成为下一个商业纪元的核心生存法则。

结语：成为风暴中的灯塔

我写这篇序言时正值端午，窗外正下着大雨。AI 浪潮正如这场雨，不会因为我们的恐惧或期待而停止，而陆熹的这本书让我想起《庄子》中的一句话："乘天地之正，而御六气之辩。"真正的领导力不在于预测风暴的方向，而在于在风暴中校准自己的罗盘。

当 AI Agent（AI 智能体）开始创作诗歌、设计建筑、诊断疾病，生活的方方面面都走向自动化后，人类最珍贵的能力反而凸显：我们依然能为一朵花的凋零落泪，为一场失败的爱情写歌，为一个素不相识的陌生人驻足。这些"无用"的能力，或许才是 AI 时代最核心的领导力——因为它关乎我们为何而存在。

陆熹长期研究个体领导力（self-leadership）进化，也是"把自己作为方法"的超级实践者，她的洞见极具时代性，愿读者从《自我领导》中获得的不只是方法论，更是一种觉醒：在这个大模型日新月异，技术奇点临近的时代，领导力的终极答案，始终藏在你对"人"的定义中。

是为序。

自 序

盘旋着，盘旋着，显现出扩张的螺旋，

猎鹰不再对驯鹰人言听计从；

万物分崩离析，中心难以为继；

只剩下混乱，在世间弥散，

…………

何等猛兽——其时辰终于来到——

正懒懒走向伯利恒去投胎降生？

著名诗人威廉·巴特勒·叶芝（William Butler Yeats）在《第二次降临》中描绘了一幅末日景象：旧世界的秩序正在瓦解，而某种未知的存在已然降临。它会带来毁灭，还是新生？这首写于一个世纪前的诗，仿佛是时代的谶语，在今天回响。

AI 时代的帷幕已经拉开，无论你是否关注这场技术变革，相信你都已听闻无数关于 AI 的赞叹与忧虑。技术的奇点正在临近，当 DeepSeek 以黑马之姿穿越 OpenAI 的算法边疆时，有人在雀跃，有人在战栗。AI 正像叶芝诗中所描述的"猛兽"（rough beast）那般缓缓走来，而等待我们的，究竟是"硅幕降临"，还是"数字神灵"的诞生？

作为一名领导力发展的研究者，在过去两年里，我一直在思考一个问题：未来，人类与 AI 的关系究竟如何——我们是在领导 AI，还是在被 AI 领导？

为了探寻这个问题的答案，我请教了许多 AI 领域的技术专家、学者以及一线从业者，也与来自不同商业领域的企业家和管理者深入对话。在与他们的交流中，我发现，尽管许多人已经意识到 AI 领导力在这轮智能革命中至关重要，但当人们在谈及 AI 时，仍习惯性地将其视作工具，认为只要有足够强的技术领导力，就能掌控 AI，仿佛人类始终可以主导这场变革。

然而，智能革命与以往所有技术革命存在本质上的区别。农业革命和工业革命主要解放的是我们的体力，而 AI 正在接管我们的脑力，进入"意义"这一领域，挑战人类曾认为的"最后的圣地"。当我们的体力和脑力都可以被机器完美替代，甚至超越时，我想对大多数人来说，这绝不会是一件值得庆祝的事。

面对 AI 的崛起，我们已无法再居高临下地俯视它，也不能像驯鹰人呼唤猎鹰那般，将 AI 视为一种可被轻易掌控的存在。问题不再只是"如何让 AI 听话"，而是"我们是否足够清醒、足够强大，能够不被 AI 异化"。

人类正以训练 AI 的名义，将自己"驯化"成可预测的数据集合。当我们习惯用 ChatGPT 代写论文，用 DeepSeek 生成年度总结，让算法决定今晚吃什么时，我们或许以为自己在掌控 AI，实际上，真正被影响和重塑的，是我们自身。就像尤瓦尔·赫拉利（Yuval Harari）在《人类简史：从动物到上帝》中谈到人类在农业革命中以为自己"驯化"了小麦，实际上却被小麦"奴役"。AI 正以"温和"而渐进的方式引导着人类，让我们在依赖它的同时，推动它自身的进化——这是属于 AI 的进化论。

在不知不觉间，我们已然逐渐失去了独立思考的能力，我们真正需要领导的，其实从来都不是 AI，而是那个正在退化的自我。

在所有关于"如何领导 AI"的讨论里，一个始终被忽略的盲点是：真正决定未来的关键，不是如何领导技术，而是如何领导自己。这其实一直都是领导力的内涵所在：要领导别人，先领导自己——能否领导 AI 的关键，就在于能否自我领导。

我们无法阻止技术的进化，但我们可以决定如何使自己进化。AI 不会取代一个高度自我领导的人，相反，它会成为自我领导者的助推器，帮助他成为"超级个体"，突破自我局限，跨越专业壁垒，以前所未有的方式塑造自己的未来。

尼采说："在自己身上，克服这个时代。"

AI 的出现，不仅仅是对世界规则的改写，更是对人类自身的一次终极拷问。我们是谁？人类的独特性究竟何在？我们又何以为人？面对汹涌而来的 AI 技术，我们是选择被数据模型同化，还是选择在觉醒中突破？是依赖外部工具塑造自我，还是以更强的个体领导力打破边界？真正的挑战，从来不在于技术本身，而在于我们是否有能力，在自己身上"克服"这个时代。

自我领导，恰恰是决定个体命运的关键。在算法支配注意力的时代，保持心智主权；在情感计算模型前，捍卫不可量化的爱与恨；在效率至上的浪潮中，坚守非功利的好奇；在数据洪流中，不让自我迷失于可预测的模型。在这场智能变革中，我们不仅要学会如何领导 AI，更要夺回并守住对自我的领导权。

以上就是我写这本书的原因。

自我领导，不是一个抽象的概念，而是一种必须被唤醒的能力——它是领导 AI 的底层逻辑，也是每个人的生命算法。领导力，不再是少数人的特权，而是每个人都必须掌握的能力。

此刻 AI 正忙于自我迭代，我们也需要建立属于自己的"个体领导力大模型"。向内审视，淬炼更清醒、更强大的自我；向外而行，以行动不断生成新的可能。自我领导不是一瞬间的觉醒，而是一场漫长而坚定的进化。

从自我觉醒到自我领导，希望这本书能够成为你穿越 AI 周期的进化指南，正如让－保尔·萨特（Jean-Paul Sartre）所说："趁现在还来得及，我想看清楚自己。"愿你在读完这本书后，也可以踏上自我领导之旅，发现内在的丰盈与完整，在一切尚可选择之际！

陆熹

于北京

2025 年 2 月 7 日

目　录

AI、超级个体与领导力

第一节

超级个体的崛起

艺术大师安迪·沃霍尔（Andy Warhol）曾经预言，在网络世界"每个人都可能在 15 分钟内出名"。在他去世时（1987 年），互联网的发展尚处于起步阶段，而在"人均 UP 主[①]"的今天，一个普通人成为"流量明星"，可能只需要一段 15 秒的短视频。

这是一个属于"个体"的时代。随着短视频、直播与线上播客等社交自媒体的兴起，知识付费、直播电商与主理人商业等赛道的爆火，我们看到了一个又一个的"流量神话"与"财富风口"。于是，越来越多的个体开启了"单干模式"，投身于个人 IP[②] 创业的热潮。

作为一名领导力教练，近两年，我接触了许多前来咨询领导

---

① UP 主，即上传者，网络流行词。它是指在视频网站、论坛、ftp 站点上传视频或音频文件的人。

② IP，Intellectual Property，直译为知识产权，目前在互联网上该词指具有原创性、独占性的文化创意内容或品牌资产。

力的个体创业者，他们之前多供职于各类大型互联网公司、知名投行或跨国公司，在企业里担任过或大或小的管理者。虽然他们工作体面，收入也不错，却长期伴随着严重的"精神内耗"。那些在外人看起来光鲜亮丽的头衔、人际关系和社会资源，更多的时候都只是属于组织或平台的。尽管他们拥有一些成功的身份标签，却常常感到自己只是在为别人制定的游戏规则服务。工作的高压和内心的不断拉扯，使他们难以摆脱精神的空虚感，而个人真正的价值似乎在组织和平台中总是无法得到充分的发挥。

于是，他们相继选择从原来的公司辞职，转而做起了独立的商业咨询师、品牌主理人、心理疗愈师或成长教练，开始尝试打造个人 IP，走上了与过去截然不同的路——一条无须向上级汇报、不再战战兢兢、不被 KPI 追赶的道路，真正为自己"打工"的创业之路。

个体创业在今天可以如此蓬勃地发展，离不开互联网科技与基础设施的不断进步与迭代。回溯个体崛起的发展史，我认为在过去十余年里有几个明显的发展阶段。

个体时代 1.0：社交自媒体的兴起（2010—2015 年）

大约从 2010 年开始，智能手机在中国逐渐普及，4G 网络的覆盖让移动互联网成为主流。微博和微信的风靡，大幅降低了个体表达与信息传播的门槛。

早期的"大 V"们通过内容创作迅速积累了大量粉丝，成为

"意见领袖"，并通过广告等方式实现商业变现。个人品牌在这一阶段初见雏形，很多人开始以"网红"的身份走进公众视野，甚至成为文化现象的一部分。

个体时代 2.0：创业与知识付费的风口（2016—2020 年）

2016 年，随着"大众创业、万众创新"的号召，1.6 万余家众创空间相继启动。大量创业孵化器、创新创业基地的建立，为"平民创业"提供了资源和支持，激励无数普通人走上创业之路。在当时，全国平均每天有超过 1 万家新企业登记注册。

面对竞争激烈的创业环境，个体也需要不断学习和成长。知识付费模式也在此时得到快速发展，得到、知识星球等平台应运而生，满足了人们对知识和技能的迫切需求。通过分享专业知识和经验，个体逐渐建立起个人 IP。大家都在通过持续学习与输出，不断提升自我价值，"知识赋能"成为这一时期的核心主题。

个体时代 3.0：短视频与直播电商的爆发（2021—2025 年）

进入个体时代 3.0，短视频与直播彻底改变了个体展示自我和商业转化的方式。抖音、快手等平台的崛起，让普通人也有机会成为"内容创作者"，通过创意内容积累粉丝、吸引流量，再借助直播带货实现商业变现。

"网红"已经正式成为一门职业，许多人都渴望成为超级主播。越来越多的人开始打造个人品牌，探索个体的多样性发展与商业潜力。个体时代 3.0 的核心在于流量时代的兴起，通过注意力经济，人们获得了前所未有的影响力与商业价值。

个体时代 4.0：AI 智能体的全面扩展（未来五年）

随着生成式人工智能的发布，AI 正迅速浸入我们的工作与生活，AI 赋予个体前所未有的能力，使其能够快速掌握多种技能，自由切换角色、跨界合作，并创造更大的价值。

在 AI 时代，个体不再孤军奋战，而是通过智能工具和虚拟团队实现高效协作，逐步成为自我管理的高效系统。个体时代 4.0 标志着"超级个体"的崛起。

AI Agent 的兴起更是彻底改变了个体的角色边界。AI 不仅充当我们的智能助理，更是我们的数字分身，能够"代理"我们的数字人格处理各类事务。在未来，如何有效领导和管理 AI 智能体，将成为个体发展最核心的议题之一。

一个人就是一支队伍

从个体时代 1.0 的"网红大 V"到个体时代 4.0 的"超级个体"，个体崛起的背后是技术进步与社会环境变迁的深刻推动。从早期"信息差"带来的红利，到如今"智能差"开启的新机遇，个体正从孤立存在转变为自我驱动、高度自治的协同网络。技术不再只是工具，而是个体力量的倍增器。

个体崛起的趋势其实不只出现在中国，全球范围内出现了越来越多以个人为主体的"一人公司"。比如，一些网络应用与游戏的开发，背后其实都是由一个人制作完成的。针对这种围绕着一个人建立的商业模式，有人甚至专门创造了一个流行词——solopreneur。它是单词"solo"（单独的）与"entreprenuer"（企业家）的结合，用来描述此类个体创业者。事实上，"一人公司"概念走红的关键并不在于这种公司内没有其他雇员的组织形式，而是其作为个体崛起的重要标志，让我们看到了一个人所产生的效能可以超过一个团队，一个人能够创造的效益甚至可以超过一家公司。

AI 技术的爆发，让我们对"一人公司"这个概念充满了全新的想象。当我们再谈论创业时，想到的已不再是一个团队埋头苦干的场景，而是一个人身兼数职地与 AI 协作的画面。在今天，如果你想创立一家新公司，那么你或许不再需要招聘全职的程序员、数据分析师、设计师、财务会计和法律顾问，因为你可以让 AI 帮你写代码和分析数据，让 AI 为你提供创意和设计，让 AI 自行处理财务报表、审阅法律合同……借助 AI 技术，即使单个个体，也能发挥出相当于一个团队甚至是一家小型公司的能力。

向超级个体进化

尤瓦尔·赫拉利在其代表作《未来简史：从智人到智神》一书中向我们描绘了人类未来命运的终局：从智人到智神。智神并非传统意义上的神祇，而是指那些通过基因工程、AI、脑机接口等新兴技术改造自身，以获得超人类能力的人类，他们拥有无限接近于"神"的能力，可以超越痛苦和疾病、生命和死亡。

赫拉利的观点勾画出了个体进化的无限可能，AI 的到来极大地释放了个体的潜力。此刻，尽管我们尚无法确定人类是否会真正进化成全知全能的"神"，但可以预见的是，在不远的未来，那些具备领导力并能与 AI 协作共生的人，将会在社会中占据主导地位，创造出前所未有的价值，进而成长为"超级个体"。相反，那些无法适应和领导 AI 的人，可能会失去原本的竞争力，甚至有被时代淘汰的风险。

技术的发展推动了超级个体的崛起，而超级个体也在不断引领着技术突破。随着 AI、Web 3.0、元宇宙等新技术的发展与融合，物理世界与数字世界的边界正在被打破，经济与社会的运作方式正在发生深刻变革。智能合约、自治代理、加密货币的成熟，正在构建一个以"超级个体"为节点的分布式、网络化的新时代。

这些数字时代的超级个体不仅是科技进步的受益者，更是未来的推动者。我们正在见证一个由超级个体引领的高度智能化、去中心化的新世界诞生。

超级个体进化公式

我们或许可以用一个简单的公式来描述和定义超级个体：超级个体 = 个体 + 领导力 +AI（见图 I-1）。

图 I-1　超级个体进化公式

在 AI 的智能增强下，超级个体的效率达到空前水平，创造力也大幅提升，这使他们能够完成传统个体无法独立完成的复杂任务。比如，内容创作者可以利用 AI 生成基础文案和视频脚本，并通过创意编排和优化，每天产出海量的高质量内容，创作效率是传统方法的数倍；老师可以借助 AI 分析学生的学习数据，为每个学生量身定制教学计划，让每个孩子都能得到充分发展的机会；医疗研究人员则能够利用 AI 快速筛选和分析海量化合物数据，预测药物效果与副作用，并结合专业判断加速临床试验，快速取得突破性进展。这不仅能拯救更多患者的生命，也能大幅降低研发成本。

AI 不仅是超级个体的助手，更是他们自身能力的延伸，让他们得以跨越不同领域，不断打破自我限制。这让每个人都可能拥有"无限身份"，一个人既可以是老师、作家，也可以是创业者，不再被单一的职业身份局限。未来的每个人都可以依据自己的兴趣和爱好，选择多样的生活方式，实现自我价值。

超级个体并不是孤立的个体，而是像一个个"路由器"，可以随时与其他超级个体扩展成更大的网络，能够同时发挥个体的创造力和组织的协同力。他们就像一群独立而又紧密协作的艺术家，彼此激发灵感，共同创造出无与伦比的杰作，以前所未有的方式推动创新，并创造出最大的价值。

在去中心化的组织结构中，每个超级个体都是一个自我驱动的超级节点。他们不需要等待上级的指示，而是主动地去发现并解决问题，并通过高效的沟通和协作，与其他个体共同构建起一个动态的、灵活的网络系统。这种形态的系统不像传统层级结构那样僵硬，它是一个充满活力的生态系统，系统中的每个个体都能快速响应变化，并与其他个体紧密合作，共同推动整个系统的迭代与升级。

超级个体的本质是"超级生产力"

超级个体的跨界能力将会打破传统的社会分工体系，重新定义生产力与生产关系。生产力不再仅仅是物质和资本的累积，而是智能和创造力的结合。生产关系也将随之改变，个体的贡献和价值将被重新审视和定义。传统语境下的社会分工与角色限制有机会被改变，从而形成一个更加公平的价值分配系统。

从某种程度上讲，这将使我们更接近"共产主义"的理想：

每个人根据自己的能力贡献，按需获得回报。

超级个体的出现，是领导力范式转变的重要信号，标志着我们进入了一个全新的领导力时代。从"被组织管理"到"协同组织与自我管理"，新一代的工作者——超级个体，正从单纯的"组织价值贡献者"，进化为协同组织价值与自我价值的"共同价值创造者"。作为一种新形态的"微观组织"，超级个体融合了个体与组织的特性，既具有个体的灵活性与创造力，又具备组织的资源整合能力与系统性，他们可以通过小型自治团队协作，共同实现更广泛的组织目标。

这使得新组织形态从层级式的金字塔结构、扁平式的模块化结构，进一步发展为动态网络化的分布式结构，彻底颠覆了传统的组织概念，也重新定义了领导力的内涵与领导者的角色。

领导力：AI 时代个体最重要的能力

在超级个体领导的组织里，领导力的重要性越发凸显。无论是一人创业独自打拼，还是在与 AI 协作中扮演关键角色，领导力都是驱动超级个体向前的核心力量。

尽管 AI 赋予了超级个体前所未有的能力与可能性，但真正成就超级个体的关键，远不只是管理和引导 AI 的能力，更在于激发自己的个体领导力。

超级个体的核心特征是能够"自我领导"。自我领导不仅是超级个体崛起的核心力量，也是确保 AI 能在个体身上真正发挥作用的前提条件。如果一个人无法领导自己，那么他也就无法有效地领导 AI。

在迈向超级个体的进化之路上，领导力是不可或缺的成长课程。应对不确定性，我们唯有不断提升自己的领导力，才能在新时代的浪潮中站稳脚跟，迎接未来的无限可能。领导力不仅是个体最重要的能力，也是 AI 时代最稀缺的能力。

领导 AI，或被 AI 领导

面对如洪水般迅猛袭来的 AI，很多人都在担心自己的工作会被 AI 取代，关于人类"存在"与"意义"的议题被不断重提。

AI 的迅猛发展，彻底颠覆了我们对自身能力和角色的认知。不得不承认，AI 在很多方面的能力已经趋近人类甚至超越了人类，无论是信息的处理速度，还是逻辑的严谨程度，AI 都让人惊叹。面对这样一个超越以往任何技术变革与复杂性的智能体，我们人类的特质与领导力将如何被定义？这是一个亟待解答的问题，也是一个需要我们运用集体智慧去探索的方向。

真正属于人类的领导特质，不仅在于对技术的掌握，更在于我们独特的情感、创造力和对人性中至善至美的理解。短期内，AI 或许可以模拟出我们的逻辑思维，但无法真正感受我们的情感；AI 或许可以计算出最优解，但始终无法代替有温度的人性关怀。AI 时代，我们的未来如何发展取决于如何更好地理解人类的本质。我们需要找到人类最独特的价值所在，有意识地自我领导，继续以领导者的身份走向与 AI 共生的新世界。

作为一名科技乐观主义者，我更愿意相信 AI 不会取代人类，而是会与人类共生。未来更大的问题是，我们对于 AI 的依赖将比现在对于智能手机和无线网络的依赖更甚，这会让我们在享受效率与便利的同时，面临更大的挑战。

英国作家塞缪尔·巴特勒（Samuel Butler）早在 1863 年在其发表的《机器中的达尔文》一文中预言："机器将会接管人类的一切。"他在当时有此预言并非基于任何具体的技术，而是因为人类总是习惯将生活的主动权交给技术革命。而现在，我们正在以惊人的速度和规模验证他的"预见"，过度依赖 AI 可能导致个体的思考能力和决策能力逐渐退化，变得更加被动。我们会发现自己越来越难以离开 AI 的辅助，逐渐失去独立思考和创新的能力。事实上，这并不是一场简单的技术革命，而是一场关于人类意志和自我掌控的博弈。

我们不得不正视一个残酷的选择题：要么领导 AI，要么被AI 领导。

关于这个话题，有一个引人反思的隐喻，那就是 1999 年上映的电影《黑客帝国》。电影主人公尼奥在偶然间发现自己一直生活在 AI 制造的"幻境"中，他一直不知道自己和身边所有人真正的身体只是存在于一个休眠吊舱里。电影中觉醒的领袖墨菲斯通过梦境联系到尼奥试图解释当时的情况——他们都生活在牢笼里，任人操控，要当一辈子思维被控制的囚犯。但是他没有办法向尼奥解释清楚，墨菲斯给了尼奥两个药丸，代表两种选择：吃掉红色药丸，就可以打破"幻境"看到"真实"；吃掉蓝色药丸，则继续生活在安逸与无知的虚拟世界中。尼奥最终选择了红色药丸，踏上了探索真相和自我觉醒的道路。如果你想看到事情全貌和了解真相，唯一的办法就是自己去"看见"。

选择红色药丸还是蓝色药丸，在 AI 时代的背景下变成了每个人的必答题。AI 最终会给整个人类社会带来怎样的影响？世界或许会变得更加公平与美好，但也可能变得更加混乱和糟糕。选择领导 AI，探索其无限潜力，意味着我们要有勇气面对未知和挑战，保持主动权，不被技术奴役；选择被动接受 AI 的领导，可能会让我们在舒适圈中丧失独立性和创造力，最终被技术控制。

在这个过程中，领导力不仅关乎技术的掌握和应用，更关乎价值观的坚守和人性的彰显。因为它不仅是驾驭 AI 的关键，更是对"人何以为人"的深刻诠释。

第二节

自我领导新范式

当我们谈论"AI 领导力"时我们在谈论什么

AI 正变得越来越聪明,当算法开始接管思考时,个体如何界定自己的领导边界?每个人都可以训练自己的 AI 智能体,当个体的生产力超越组织时,社会结构又将如何演变?如果有一天 AI 开始觉醒,当硅基文明与碳基文明交汇时,人类该如何自处?

纵然今天有些人已经意识到 AI 领导力的重要性,但许多人仍未察觉这背后暗藏着的领导力范式的深刻变化。

AI 不仅是技术的突破,更是领导力范式变化的催化剂。当我们的领导对象从"人"扩展到"AI 智能体",一种全新的领导力范式正在取代传统的领导模式——从"少数人领导多数人"到"人人自我领导"。

在这一新范式下，领导力不再只是少数精英的专属，每个人都可以通过自我领导来实现 AI 赋能。所以，当我们今天谈论 AI 领导力时，探讨的不仅是"人类如何领导 AI"的问题，更是在思考未来人与 AI 之间终极关系的演变。

事实上，最重要的并不是那些 AI 技术本身的问题，而是领导力如何能够引领我们走向更广阔的未来。

从智人到现代人，从刀耕火种到现代文明，人类的每一次飞跃都伴随着技术的突破。然而，推动文明不断前行的，并不仅仅是技术本身，在技术之上，是那些从不墨守成规、敢于突破极限、具有卓越领导力的鲜活个体在塑造历史，带领人类迈向新的文明。

某种意义上讲，人类社会的发展史就是领导力发展的演进史。领导力犹如一股无形的力量，潜藏在人类编年史的每一处转折与飞跃中，它润物无声，却又在关键时刻掀起波澜，塑造了人类文明的独特轨迹。

技术之上的领导力

奥地利作家斯蒂芬·茨威格（Stefan Zweig）在《人类群星闪耀时》的序言中写道："我尝试回顾那些发生在不同年代和地域间的群星闪耀的时刻——我这样称呼这些时刻，是因为它们像群星般璀璨而不渝地照耀着暂时的黑夜。"

我也尝试回顾领导力的"闪耀时刻":有人第一次举起火把,照亮了黑夜;有人第一次制作工具,完成了狩猎;有人第一次播种小麦,开始了定居生活;有人第一次制造陶器,开启了人类文明的新篇章……后来,这些领导者有了名字——神农尝百草,仓颉造文字,爱迪生点亮了世界,莱特兄弟让人类翱翔于天空……正是这些敢于不断突破的领导者改变了人们的生活方式,更推动了人类社会的进步与发展。

在人类历史的长河中,我们经历了很多次重大的技术变革,每一次技术变革都带来了剧烈的周期性震荡,正如今天 AI 所带来的冲击。这些突如其来的变化让我们感到迷茫,甚至恐惧,但结果的相似之处在于,人类总能通过吸收和整合新技术,继续站在世界叙事的中心,扮演着领导者的角色。

在不同的年代、不同的国家、不同的社会中,领导者以不同的身份出现,他们或是国家的领袖,带领国家崛起;或是企业家,引领经济发展;或是哲学家,为我们点亮心间的灯塔;或是艺术家,用美和创意给人希望;或是科学家,不断揭示宇宙的奥秘;抑或是探险家,带我们开启未知的世界。无论他们是何种身份,他们都在不断回应环境的变化,尝试解答人们心中的困惑,竭力为复杂的问题提供解决方案,这种独特的领导力,是人类与生俱来的品质。

领导力的范式演进

回溯原始社会，领导力便已融入在人类协作与生存的本能之中。领导力在最初的群体迁徙、与野兽搏斗、寻找食物和资源的过程中发挥着重要作用，那些强壮、勇敢、富有智慧的人便在众人中崭露头角。随着时间的推移，从氏族到部落，再到更为复杂的部落联盟，那些具有卓越领导力的人也开始承担起更为重要的责任。他们或是部落的首领，或是族群中的智者，凭借自己的号召力与决策力，带领部落族群不断地发展壮大。

进入农业社会，人们选择定居下来，领导力开始体现在如何更好地管理和分配土地资源，以及维持秩序等方面。那些善于计划的领导者不仅能组织人们共同劳作，分配收成，还在水利工程建设、土地资源利用、防御设施构筑上起到了关键作用。国家也因此开始建立，领导者的责任变得更加多样化和复杂化，他们的领导力也随之进化。

到了工业社会，随着机器的发明和大规模生产线的建立，领导力在这一时期表现为对资源的高效利用与对复杂组织的科学管理。那些卓越的企业领导者凭借创新精神和管理才能，创立了现代大型企业，极大地促进了物质与财富的生产和积累。在工业革命的浪潮中，领导力的作用变得更加显著，促成了人类社会的巨大飞跃。

来到信息社会，领导力表现为对知识和信息的管理，以应对全球化带来的挑战。领导者需要具备快速获取和处理信息的能力，推动组织的创新和变革。在这一时期，领导力的核心在于如何利用互联网和信息技术，实现高效协作与决策。信息时代的领导者必须在瞬息万变的环境中保持敏锐，迅速做出反应。

迈向智能社会，领导力正在经历一场变革——AI重新塑造生产方式和社会结构，使领导力的边界不再受限于组织内，而是扩展为一种分布式的网络能力。AI领导力的核心在于自我领导和人机协同，每个人都可以通过智能技术，增强洞察力、决策力和执行力，以超越过去解决复杂问题的方式。

这意味着，真正的领导力不再是权力的象征，而是深度思考、自主行动和持续创新的结合。AI开始让领导力变得更加"普惠"和"平权"，使每个人都能在智能社会中重新定位自己，主动塑造未来。未来的领导者不再是某个拥有特定身份的个体，而是每一个自我领导的实践者。

领导力的演进过程，如表I-1所示。

表I-1 领导力的演进过程

社会发展阶段	领导力的表现形式	关键职责	代表性特征
原始社会	引领群体迁徙与生存斗争	领导狩猎、保护群体	强壮、勇敢、智慧
农业社会	资源与社会秩序管理	管理土地资源、组织劳作	善于规划和组织协调

续表

社会发展阶段	领导力的表现形式	关键职责	代表性特征
工业社会	资源高效利用与组织管理	管理大规模生产、推动创新	管理科学、有创新精神
信息社会	知识与信息管理	应对全球化挑战、推动变革	反应敏锐、决策高效
智能社会	自我领导与人机协同	领导自己、领导 AI	自适应、共生协作

新世界的领导力挑战

从人类文明诞生至今，领导力一直发挥着"使众人行"的核心作用，人类也一直遵循着"少数人领导多数人"的领导模式。正是这种模式，使我们建立起城邦、国家、军队、企业、社区等一个个组织系统，从最初的松散联合，到等级严密的层级式组织，再到信息时代的扁平化组织，这种传统的领导力范式一直帮助我们在变革中前进，并构建了人类璀璨的文明。

然而，面对即将到来的由 AI 驱动的智能社会，传统的领导力范式正在失效，它们已不能有效地应对未来的变化，因为今天的世界越发复杂，问题也更加全球化。

我们正经历着前所未有的巨变。除了 AI 这个超级变量，地缘政治的冲突、生态环境的恶化、流行疾病的肆虐以及全球能源短缺等多重变量的叠加，让我们的世界变得异常脆弱和复杂。自人类进入工业时代，我们就一直在快车道上前行，并且不断加速，而多重变量的叠加更是让这辆快车的速度达到了极限。战争、气候、能源……每一个变量都牵一发而动全身。

传统领导模式的问题

传统的领导模式依靠"层级结构"和"权责分工"来实现目标和推动发展，这就特别容易导致组织内部出现"领导力的真空地带"。在那些领导者的"领导半径"无法达到的地方，组织效率会显著降低，甚至会出现决策迟缓、创新能力不足等问题。

在传统领导模式中，领导者更像是指挥官，负责做所有重要的决策，而团队成员只能按照指示行事。这种"听命于领导"的方式我们已经十分熟悉：领导者说什么，我们就做什么。因此，一旦领导者无法迅速响应或做出错误决策，整个组织就会陷入困境，犹如一艘失去舵手的船，迷失方向。

我们可以从雁群迁徙的现象中找到传统领导模式的影子。在雁群中，体力最强的大雁担任"领头雁"，带领队伍前进。雁群在领头雁的带领下可以根据气流变化调整队形，成一字型、Y字型等排列。然而，当遭遇强风暴时，雁群的整体性便会迅速瓦解，领头雁难以提供方向引导，每只大雁都不得不"各自为战"。此时，弱小的大雁往往难以抵御强风暴的冲击，被迫从空中陨落。

现实世界也是如此，在突如其来的变化面前，每个人都面临着巨大的生存压力。那些无法进行自我领导的人，就如同在风暴中无力独行的大雁，结果也不言而喻。真正的风险就实实在在地落在了每一个"无力自保"的个体身上。传统领导者往往并不会直接面对最底层个体的存在问题，这里面其实隐藏着传统领导者和被领导者之间的"非对称风险"：如在动荡的市场中，领导者的错误决策导致的损失，其实并不会完全落在他们身上。相较于普通个体，领导者拥有更多的资源、机会和缓冲空间来应对变局，而普通个体受到的冲击却是剧烈的——失去工作、收入减少、职业前景暗淡，而房贷、车贷、子女教育等开销却丝毫不会减少。总而言之，任何人都不会直接对我们负责，在动荡中我们必须对自己负责！

自我领导的范式特征

"旧地图找不到新大陆"，旧的领导力思维模式无法帮助我们解决新世界的复杂问题与现实挑战，无论是集体还是个体，都需要找到新的领导力模式。

面对如此不确定的世界，我们比以往任何时候都需要新的领导力范式——人人自我领导，才能在变局中创造确定性的价值，让每个人都有机会成为变革的推动者，并找到通往未来的全新集体领导模式。

自我领导之所以被称为一种全新的领导力范式，是因为它具有 3 个不同于传统领导力的范式特征。

范式特征 1：领导者与被领导者角色的合二为一

在传统的领导观念中，领导者和被领导者往往被视为两个截然不同的角色：领导者高高在上，掌控全局，指引方向；被领导者则紧随其后，执行命令。但如果我们深入思考，就会发现这两个角色其实可以合二为一。在自我领导中，你既是自己的领导者，也是自己的追随者。

传统的领导力范式可能更多地强调我们要如何影响他人，自我领导则更关注如何激发个体的内在力量。这能让我们不再被动地等待外界的指示，而是主动掌控自己的命运。

正如彼得·德鲁克（Peter Drucker）所说："领导力是把自己推向前方，而不是推别人。"缺乏自我领导的领导者，往往在外部压力下容易迷失，无法应对变幻莫测的挑战，甚至可能会滥用手中的权力，让团队和自己陷入困境。

如果你是一个名义上的领导者，那么不妨停下来，审视自己是否已真正做到自我领导。因为只有先成为自己的领袖，你才有能力带领他人。即使你身处跟随者的位置，也不要局限于此。试着从一个领导者的视角去看待和处理问题，培养一种"CEO 视角"，主动引导自己从更高的层次去思考和行动。

无论你现在处于哪个位置，自我领导都将为你的人生带来积极的转变，让你在任何环境中都能牢牢掌握自己的命运。

范式特征 2：内在力量驱动，不依赖于外部权威或他人授予

自我领导是一种内在力量，它不依赖于外部权威或他人授予，而是源于你内心深处的信念和价值观。

在传统的领导模式中，权威通常来自外部——或者是一个职位、一个头衔，或者是由组织赋予的权力。这些因素虽然能在短期内激励我们，但它们的效果往往是暂时的。外部奖励可能在开始时有效，但随着时间的推移，我们就会发现自己的动力逐渐消退，甚至会感到倦怠和不满。

而自我领导强调的是内在的动力。它源自我们对自身价值的深刻理解和自我追求，而不依赖于物质奖励或社会认可。自我领导让我们不再需要用职位或头衔来证明自己的价值。无论外部环境如何变化，我们都能凭借内在的力量，在面对生活的起伏时依然从容不迫。

范式特征 3：自我领导本身就是"目的"，而非"手段"

传统领导力往往被视为达成某个外部目标的工具。无论是国家层面，还是企业层面，领导力通常都被用作实现具体成果的手段。但在自我领导的范式中，领导力本身并不是一种手段，而是一种目的。它不仅仅是为了完成某个外在目标，而是为了实现真正的自我成长和内在满足，自我领导本身便是最重要的成就。

自我领导是一个不断探索和塑造"新自我"的过程。它关注的是个人的全面成长和自我超越，而不是外部的奖赏或成就。每一步的自我引导和自我激励，都是迈向更高层次的自我实现。自我领导的意义在于通过不断迭代和进化，实现更加完整和真实的自我。

其目的不是达成某个外部的目标，而是不断提升自我，使自己变得更好。通过自我领导，个体能够通过不断超越过去的自己发现成长的意义。自我领导的美妙之处在于，个体的成长和自我超越本身就是一种充满价值和意义的目标。

在最好也最坏的时代里，做自己

"那是最美好的时代，那是最糟糕的时代；那是睿智的年月，那是蒙昧的年月；那是信心百倍的时期，那是疑虑重重的时期；那是阳光普照的季节，那是黑暗笼罩的季节；那是充满希望的春天，那是让人绝望的冬天；我们面前无所不有，我们面前一无所有……"查尔斯·狄更斯（Charles Dickens）在《双城记》第一章开篇中所描写的复杂景象，放在今天的社会背景中，显得更为贴切。

光明与威胁并存，我们注定无法选择时代，但可以选择以何种方式应对。在这样的双重境遇中，自我领导成为一种关键力量。它不仅是一种能力，更是一种态度——在外界纷繁复杂时保持内心的宁静与坚定。

更多关于这个新世界的美好场景，也正等待着每一个人去探索和创造。在我看来，这既可能是一个最好的时代，也是属于每个人的时代。可以想象，技术与人性完美结合，创新与传统相得益彰，我们不再仅仅是人生剧本的执行者，而是主动的参与者和创造者，在觉察中发现意义，在思考中体悟智慧，在行动中感受幸福，在共情中理解他人，在学习中收获乐趣——这些都会逐渐成为我们生活的一部分。

每一个关于个体的故事，都是新世界的一部分。最终，我们会在这些故事中发现真正的自己，过上"真实"而"丰盈"的生活。

第三节

万花筒里的秘密

　　我女儿刚满一周岁的时候，她爸爸为她准备了人生第一件生日礼物——一款刻有她名字的万花筒。这款万花筒经纯手工打造，精美得像是艺术品，小小的玻璃瓶盖里封存着透明的精油，浸泡着细碎的花瓣、贝壳和绿松石。只要轻轻转动筒身，图案就会随之变幻，让人目不暇接。这个礼物的寓意是希望她在未来的人生里，能够拥有一双发现美的眼睛，看见不一样的世界。

　　当她第一次拿到这个新奇的礼物时，我看见她先是用有点笨拙的小手，努力地抓起万花筒，然后便尝试往嘴里送。是的，一岁的婴儿总是习惯先用口来感知这个世界。在确认这并不是某种食物后，她开始用眼睛很认真地观察"这到底是什么东西"。她反复地转动万花筒，直到发现在万花筒的底部有一个透光的小孔，在她举起万花筒并用眼睛向内看去的时候，我看到她的脸上立刻露出了十分惊讶的表情，嘴里也不停地发出"呐！呐！"的声音。

那一刻，我好像看到了每个人认知世界时的反应——用本能去感知，再通过观察和实践去探索这个世界的绮丽。

万花筒的内在原理

很多人小时候应该都玩过万花筒这种神奇的玩具。透过小小的镜孔向内看，眼前便跃现出一个色彩斑斓的奇妙世界。万花筒的英语名称"kaleidoscope"也暗藏诗意，由源自希腊语词根的"kalos"（美丽）、"eidos"（形状）与"scope"（观看）组成，这仿佛在提醒我们，世界的丰富性并非取决于外部，而是取决于我们如何看待它。

万花筒的原理其实很简单——光在不同角度的镜面间不断反射，拼接出一个个奇妙的图案。光来自外部，但结构是内在的，真正决定画面美感的，是万花筒自身的构造。AI 亦如一道光，为我们提供前所未有的能量与可能性，但如果没有完整的内在结构去折射和运用这道光，那么它所映照出的，只可能是一片杂乱无章。

领导 AI 的关键所在——不仅在于如何运用 AI 技术本身，更在于如何内修自我。

如果缺乏内在的清晰与觉察，即便 AI 再强大，我们依然会迷失方向。因此，在开始训练你的数字人和各种 AI 智能体之前，你要先觉察真正的自我；在 AI 替你完成复杂的逻辑推演之前，你要先思考如何提出一个好问题；在 AI 帮你制订完美的计划之前，你要先行动去验证最小可行性；在教会 AI 理解人类情绪之前，你要先共情自己；在 AI 成为知识外脑之前，你要先学习构建个人的知识图谱。

个体领导力万花筒模型

觉察、思考、行动、共情、学习——构成了 AI 时代自我领导的底层核心逻辑，我将其称为个体领导力的万花筒模型（见图 I-2）。

图 I-2　个体领导力万花筒模型

就像万花筒的绚丽不只源自光本身，而是来自光被折射后的结构与秩序，AI 的价值也不取决于它的计算能力，而是取决于使用者是否有足够的内在能力去引导它。

这五项"修炼"就像手中的万花筒，当你拿起觉察之镜，轻转思考之轮，跳起行动之舞，穿过共情之桥，漫步学习之径时，通过万花筒的折射，你将看到一个色彩斑斓、千变万化的智能新世界，你也会在这个过程中，遇见那个最真实、最丰富的自己。万花筒中的每一次转动，都映射着你自我领导的每一步，而你看到的每一个奇幻图景，都来自你的内在领导力的"涌现"（emergence）。

在自我领导的万花筒模型中，觉察、思考、行动、共情和学习并非彼此独立存在，而是相互促进、相互激发，进而形成一种动态的、全方位的自我提升过程。觉察让我们看清自己的情感、动机和行为模式，从而更好地理解自我；思考是觉察的深化，帮助我们剖析问题、找到方向；行动则是将思考付诸实践，推动我们在现实中迈出每一步；共情使我们能够体察他人的情感和需求，优化人际关系和增强影响力；学习贯穿始终，不断吸收新知识、学习新技能，推动我们持续成长。

需要注意的是，自我领导并不是将几种能力进行简单地叠加，亦非展开领导力技能的集合，而是彼此相互作用所产生的"整体大于部分之和"，是对个体内在力量的全方位提升，是在持续与变化中，最终促成个体领导力的涌现。

觉察即内观

AI 时代，觉察不仅是自省，也是一种深入的"数字内观"。

数字分身越多，我们就越需要重建与本我的深度连接，在信息洪流中保持清醒——我们是依赖算法推荐，还是聆听内心？大数据记录的"我"是真实的自我吗？在虚拟与现实交融的世界，如何找到当下的"踏实感"？怎样理解使命，重新定位自己的人生？

在与 AI 对话之前，我们要先学会与自己对话——倾听身体的信号与内心的声音，确保决策与行动源自清醒的自我，而非外部的无意识驱动。

内观，是对内心的凝视，是对情绪、想法和潜在动机的细致感知。那些被忽略的感受、未曾被审视的角落，也可能在数字世界的映照下浮现。通过内观，我们会发现那个沉睡的真实自我，学会接纳自身，放下外界给我们附加的标签，回归当下。

觉察，是自我蜕变的起点。每一次内观，都是一次自我审视与重构，是对习惯性反应的突破，是对自我认知的深刻洞察。当觉察开启内在的转变时，我们的思维也会随之改变。

思考即创造

思考不仅是人类的天赋，更是我们在智能时代保持主体性的关键能力。哲学家布莱士·帕斯卡（Blaise Pascal）说过："人只不过是一根苇草，是自然界最脆弱的东西；但他是一根能思想的苇草。"思考赋予了人类尊严，我们或许脆弱，但正是思考让我们超越自身的局限，赋予生命更深层次的意义。

我们习惯于向 AI 快速获取答案，却常常忽略了深度思考的价值。AI 可以生成无数答案，却无法替我们解答"我是谁"与"我要去向何方"——只有人类，才能在思考中不断塑造自己。思考不仅在于对已知的探寻，更在于对未知的创造。真正的创造往往始于深刻的思考。当我们停下来深思时，不是让 AI 替我们解题，而是将其作为延展思维的工具，学会与 AI "共智"，我们就能突破想象，拓展创造力的边界。思维的触角延伸至哪里，创造力的边界便延展至哪里。

行动即破局

行动是现实世界的"prompt①"，它的意义在于创造"上下文"，生成新的可能性。行动不仅是计划的执行，更是在复杂环境中不断调整、学习和进化。在这个充满不确定性的世界，任何预设的最佳方案都可能失效，唯有通过行动，我们才能获得真实反馈，修正方向，找到属于自己的路径。

行动本身就是决策。只要行动，就会有结果。行动是动态调整、不断优化的过程。每一次尝试，成功也好，失败也罢，都会提供新的反馈和调整依据，让我们更接近目标。而站在局外分析和等待，只会让不确定性持续。

---

① 原意为提示词，这里可理解为用户输入给 AI 模型的指令、问题或上下文信息，用于引导模型生成特定类型的回应。

最好的计划就是立即行动。没有任何算法可以替代行动本身。AI 可以为我们模拟路径、优化决策，但只有真实迈出那一步，世界才会随之改变。当我们站在迷雾中，看不清未来的方向时，最好的计划就是立即行动。

共情即连接

"自我"并非孤立的存在，我们都生活在一张错综复杂的关系网中，亲人、朋友、同事，甚至那些素未谋面的陌生人，都在我们的人生中扮演着不同角色，直接或间接地参与我们的自我构建过程，而 AI 也已成为其中的一部分，让"自我"本身成为所有人机关系的"叠加态"。

当下，AI 可以模拟思维，却无法真正理解情感。或许未来，AI 会发展出一定程度的情感智能，但在那之前，我们更需要培养共情能力，不仅是人与人之间的共情，也包括人与 AI 的共情。哪怕只是一个提示词的微小调整，若能在提出需求前先理解 AI，我们就能获得更精准的回应。

领导力是处理关系的艺术，而共情则是搭建这些关系的桥梁。共情不仅是理解他人，更是认清自我，引领从被动接受到主动塑造关系的转变。它让我们摆脱那些不对称、对抗或疏离的关系模式，打破固有壁垒，构建更加开放、和谐的互动场域，在连接中发挥真正的影响力。

学习即进化

在信息爆炸的时代，学习早已不再是简单的知识获取。随着技术颠覆一切，学习方式变得更加灵活且多维。今天，学习的重点已经转向"如何学习"，掌握自我学习的能力、技巧和策略，成为我们应对复杂环境的关键。

从本质上讲，学习是一种进化策略。我们要像 AI 一样学习，在生活和工作中形成自我迭代的学习循环。"不学习就被淘汰"不再只是一句夸张的警告，而是当下生活中每个人都必须面对的现实。在自我领导的框架下，学习不仅是一种技能，更是一种生存之道。它推动我们超越过去的认知，构建新的视野和能力，使我们能够在不断变化的环境中持续进化，从经验中提炼智慧，从错误中成长，在学习的过程中，不断拓展自我，创造出全新的可能性。

自我领导的循环实践

自我领导是一场自我发现与自我实现的生命旅程，也是关乎自我探索的循环，每步都是回归，更是出发。

实现自我领导不是一个按部就班的过程。这五项"修炼"是互相促进和激发的，如同进入一片广袤的森林，每一条路都有不同的风景等待着你去发现，你可以选择任意一条小径深入探索。

你可以从觉察开始，逐渐通过思考和行动深化对自我的理解，也可以从共情出发，通过学习新的沟通技巧提升自己为人处世的能力……在这个模型中，每一个实践方向都像是万花筒中的一块彩片，它们旋转、交叠，形成五光十色的美丽图案。每一次觉察和思考都是对自我理解的更新，每一次行动和学习都是对自我能力的扩展，每一次共情都是对他人世界的深入。这种全方位的提升，让内在的个体领导力在持续变化中不断涌现，最终成为一种内在的、自然而然的领导力。

正是这种相互作用，使得自我领导成为一种充满活力和创造力的实践，让我们在面对复杂多变的环境时，依然能够保持坚韧、灵活和自主。生活也是如此，它不应该只有一个棱面，只有一种成功的标准，而应该是多样的、多元的，在不同选择下，反射出每个人独特而绚丽多彩的人生。

内在的改变，决定外在的世界

钱锺书先生在《写在人生边上》里写过这样一段话："洗一个澡，看一朵花，吃一顿饭，假使你觉得快活，并非全因为澡洗得干净，花开得好，或者菜合你口味，主要因为你心上没有挂碍。"每个人都有着丰富的内在，当我们心无挂碍时，即使平凡如洗澡、看花、吃饭这样的小事，也能带来难以言喻的喜悦。我们所感受到的美好，皆来自我们内心的澄澈与宁静。

很多人经常抱怨找不到生命的意义、感受不到生命的价值、对什么都提不起兴趣、内心莫名的暴躁。线下吐槽、线上争论已经成为人们日常的标配，亲密关系、家庭问题、工作烦恼填满了生活的全部。有人说，这是一个意义缺失的时代，人们变成了行尸走肉，仿佛除了谋生，谈什么梦想都是多余的。我不想否认现象本身，诸如焦虑、迷茫、空虚、恐惧，的确是很多人当下正在经历的困扰。

但是，或许，人生本不必如此。

我更愿意相信的是，会有越来越多的人去探索自我领导，去感受自己内在的力量，去理解人与人之间流动的关系与爱意。我们生命的意义不在于实现某个特定的目标，而在于我们选择以什么样的方式生活、如何与他人互动、以什么样的态度和整个世界对话。

在每个细微的时刻，我们都有机会赋予自己的生命以意义。这，正是自我领导的真正价值。

第一章

生成新自我：
自我领导的涌现时刻

第一节

领导力是什么

每次给企业管理者上领导力培训课时，我习惯于在开场前问大家一个问题：“你觉得自己有领导力吗？”

当我在商学院的总裁班上抛出这个问题时，常常只有一半的人会举手表示有。这其实挺难想象的，因为这些坐在教室里的企业家明明都是各个公司的创始人或 CEO 等，平日里负责管理庞大的团队。在外人眼里，他们是早已“登顶”的领导者。但让人意外的是，他们中的很多人并不认为自己拥有领导力。

起初，我猜想这可能是出于某种“自谦”或“低调”，所以很多人不好意思举手。那么，企业的中高层管理者呢？情况又会怎样？

事实上，也是如此。当我在给企业做内训问到同样的问题时，现场举手的人更少。这不禁让我感慨，这些已经身处领导者位置的人都在怀疑自己是否拥有领导力，更何况普通人呢？

　　在与很多基层员工讨论领导力的话题时，我经常会听到类似这样的回答："领导力和我没关系，我在公司里只是一个小员工，领导力和我不沾边儿。"对这些人来说，领导力更是一件遥不可及的事情，他们认为只有那些处于公司高层的人才需要考虑领导力的问题。在商学院，领导力课程也常常被定位为一门为企业领袖和高管量身定制的"高级课程"，这也进一步加深了大家对领导力的误解：它仿佛是一种高高在上的特权，只有站在权力巅峰的人才配拥有，与普通人的日常生活毫无关联。

　　后来，我开始尝试将问题换一种问法："你认为领导力是什么？"

　　对于这个问题，似乎每个人都有着自己的理解。有人认为领导力是"担当"，有人认为领导力是"勇气"，有人认为领导力是"真诚"……好像一切美好的词语都可以被纳入解释并用来诠释领导力。这些回答中不乏关于领导力的"朴素"而珍贵的见解。在我看来，这些来自不同人的答案都像是一面面镜子，映照出领导力的不同侧面。

　　那么，领导力究竟是什么呢？

难以定义的"领导力"

　　现代管理学之父彼得·德鲁克认为，领导力不是头衔、特权或金钱，而是责任；军事理论家卡尔·冯·克劳塞维茨（Carl

von Clausewitz）在《战争论》一书中指出，指挥官要用自己的激情在他人心中点燃信念之火，用自己心中的火焰复苏他人的希望；政治领袖莫罕达斯·卡拉姆昌德·甘地（Mohandas Karamchand Gandhi）则一直倡导领导者要以身作则，服务他人。这些见解各有侧重，听来也都非常有道理。

在学术界，关于"领导力"的定义，也一直都是众说纷纭。研究者们一直在不懈地追寻领导力的奥秘，从最初的认为伟人应该天生具备某些特质，到将目光投向领导者的具体行为，当发现领导者风格和领导效果间存在矛盾时，权变学派应运而生，随后又归于沉寂⋯⋯

每当一个学派开始流行，就会碰到新的质疑。不同的学派对领导力有不同的定义，可以说在概念混沌的层面上，领导力定义的数量无疑要排在社会心理学与教育学领域的首位。管理学家弗雷德·菲德勒（Fred Fiedler）曾经说："领导力的定义如此之多，其数量几乎与领导力理论的数量相当——而领导力理论的数量又几乎等同于该领域内研究者的数量。"

总有人调侃，领导力是管理领域的最后一块"玄学"。领导力如此难定义，以至于被誉为领导力之父的沃伦·本尼斯（Warren Bennis）在终其一生对领导力进行研究与实践后，在晚年得出结论："领导力就像美，你很难定义它，但当你看到它时，你就知道这是美。"美是主观的，每个人对美的定义可能会有所不同；同样，每个人对领导力的理解与期待也各不相同。甚至在不同的文化背景下，人们对领导力的认知也存在显著差异（见表1-1）。

表1-1　领导力学派发展年表

主要学派	时间	核心思想
特质学派	20世纪初	领导者是天生的，不是后天培养的。稳定的个性特征或特质是区分领导者与非领导者的关键因素。
行为学派	20世纪50年代	高效领导者拥有一定的风格和行为，领导力可以被开发。
权变学派	20世纪60年代	领导者能做什么，取决于其所处的环境，领导风格应适应具体情境。
情境学派	20世纪60年代	情境学派与权变学派不无关系，认为领导力不会凭空产生，根植于情境。
关系学派	20世纪70年代	关注领导者与被领导者之间的关系，认为在高质量的领导者与被领导者的关系下，领导者能够实现更大的成就。
变革学派	20世纪70年代	领导者行为能够使追随者去追求更伟大的兴趣。
生物与进化学派	21世纪初	直接测量可观测个体差异（生物变量）。

领导力的东西方视角

领导力作为一门系统性的管理学学科，其理论体系的构建和学科化研究主要起源于近代西方，并在此后的发展中逐步融合了多个交叉学科的理论和方法，对全球的管理实践产生了深远的影响。

在西方，领导力的研究和应用更多地强调对他人和流程的管理、控制和影响，注重领导者的外在表现和行为。像前文所提到的西方经典领导力理论，如特质理论、行为理论、权变理论等，均着重探讨领导者应具备的特质和行为模式，以及如何通过有效的领导行为影响和激励团队成员，实现组织目标。

在东方文化背景下，领导力的理解和实践有着独特的侧重点。东方人对于领导力的理解，更加注重个人修养和道德的提升。在中国传统文化中，儒家思想对于领导力就有着深刻的见解，领导力是"内圣外王"，是"立德、立功、立言"，是"修身，齐家，治国，而后平天下"，是以品格为核心的领导力哲学。用宋代理学家张载的话说，就是"为天地立心，为生民立命，为往圣继绝学，为万世开太平"。

修己以安人、治国必先治身，东方领导力理论主张领导者首先要能够自我领导，再谈赢得他人的尊敬和信任，从而在治国理政中发挥卓越的领导才能。

AI 时代的个体领导力

智能时代，领导力正在经历一场深刻的变革，AI 正在重塑领导力的定义。过去，领导力主要作用于组织层面，其侧重点在于如何管理和影响他人。传统领导力总是和权力相伴，那些掌握稀缺资源、制定规则的人才能成为领导者。而如今，AI 正在让领导力变得"平权"——领导力不再只是权力的附属品，更是一种人人皆可获得的能力。

AI 的高度赋能，使个体能够高效学习、辅助决策，并突破组织的边界，进化为智能增强的"超级个体"，从而改变传统领导力的模式。可以说，当 AI 成为每个人的私人助理和数字员工时，我们已经迈入了事实意义上的"人人都是领导者"时代。

从西方管理视角来看，AI 极大地提高了个体的生产力、决策支持和资源整合能力，使个体具备如同一支团队般的运作能力，能够自主制定策略、优化流程并高效执行。借助 AI 智能体的智能分析、预测和自动化管理工具，个体得以独立完成过去需要多人协作才能完成的复杂任务，彻底打破了个体与组织的界限。AI 时代的领导力依然关乎影响力，但这种影响力的重心不再是对他人的管理，而是如何领导 AI，以适应高度复杂且动态变化的环境。

与此同时，东方领导力理论的"内求"智慧，在 AI 时代显得更为重要。真正的领导力不仅体现在外部的管理和影响上，更关乎个体如何修炼自身，保持"内核"稳定，以应对外界的不确定性。AI 的普及固然带来了高效和便捷，但如果个体过度依赖技术，便可能削弱自身的判断力、创造力和独立思考能力。因此，在 AI 赋能的同时，我们更需要培养深刻的自我认知、强大的自我管理能力和敏锐的内在觉察能力，以确保我们领导技术，而非被技术裹挟。向内求，并非意味着逃避外界，而是通过挖掘自身潜能，主动适应 AI 时代的挑战。

AI 时代的领导力是一种融合了东西方智慧的个体领导力——它既涵盖西方领导力理论对于管理、影响和效率的系统建构，也吸纳了东方领导力理论对内在修养与自我领导追求的本源力量。

未来的领导者，不再只是传统意义上的管理者，而是能够领导 AI，自主掌握人生方向，在技术浪潮中坚守人性的自我领导者。

第二节

每个人的领导力

你是否时常有这样的困惑：为什么有些人明明看起来和自己差不多，却早已创业成功，实现了财务自由；为什么和自己同期进入职场的伙伴都已升职加薪、家庭美满，而自己在逐渐与同龄人拉开差距，却不知道问题出在哪里；工作几年后，迷茫和困惑越来越多，不知道如何打破生活的惯性；时常意识到要提升自己，却不知道从哪里开始；立下很多"雄心壮志"，却依然感觉生活没有方向；总是习惯性将要做的事拖延到最后一刻、总是难以坚持自律、总是容易被负面情绪左右……这些问题像是一张无形的网，慢慢收紧，让你觉得无法挣脱。

人与人之间的差距，从表面上看是金钱财力、身份地位、学识眼界的不同，人们常以为这是由人与人之间的能力差异决定的。但是在我看来，真正决定人与人之间差距的是"个体领导力"的差异。具有领导意识的人和没有领导意识的人，注定会拥有两种截然不同的人生命运。前者往往能够主动掌控人生的方向，点滴积累力量；后者则可能在不知不觉中被生活推着走，错失许多能够改变现状的机会。

领导力其实不仅体现在宏大的目标与决策中，更体现在日常生活的点滴中。领导力不是抽象的，而是具体的；领导力不是静止的，而是动态的。

领导力不是少数人的特权

普通人对领导力常常存在各种误解，而这其中有两个最普遍的错误认知：一是觉得领导力是与生俱来的，仿佛只有少数天生具备它的人才能担任领导者；二是认为只有在领导岗位的人才需要领导力，只有站在高位、掌握权力的人才需要用这种能力。

事实上，领导力既不是天生的，也不是少数人的特权。每个人都拥有领导力，每个人也都需要领导力。很多人只是暂时没有激发出自己的领导力，或者没有意识到自己在日常生活中已经展现出某些领导特质。领导力可以被看作一种人们"日用而不觉"的能力。

日常中的领导力

领导力存在于改变每个人生活的细微而真实的影响里，藏在每一个小小的选择和行动里。在看似平凡的日常里，你也一定有过展现领导力的闪光瞬间：你在工作中主动解决问题；你在家中关心家人的情绪、引导家人一起做出决策；你在朋友迷茫时给予支持和建议……这些都是领导力的体现。这种力量或许不显眼，但它确实存在。因为你已经通过自己的行为影响了自己和他人，改变了某些事情的方向。

领导力不仅仅是忙着改变世界，它同样可以给我们身边的人以温暖。这种力量不在于居高临下，而在于与人心相通，它体现在你与他人建立的深层次的联结上，而不是简单的领导与被领导的关系；它还体现在你用关怀、信任去影响、引导他人上。

每一次支持、每一次鼓励、每一次担当，都是领导力的体现。它出现在你愿意承担的那一刻，出现在你带给他人温暖和支持的瞬间。无论我们身处何地，从事何种职业，每个人都有机会成为生活中的领导者，展现自己独特的领导力。

每个人的领导力，都是唯一的

从学生时代开始，我就对历史上那些著名的领导者充满好奇。他们的故事让我着迷，有些人出身贫寒，却凭借不懈的奋斗攀上人生巅峰；有些人在经历低谷后重新振作，再次赢得他人的尊重；还有些人虽身处市井，却凭借独特的智慧与魅力，赢得了周围人的信任和追随。

在我自身的领导力研究和实践中，我也乐于倾听和收集身边不同领导者的领导力故事。人们总是试图总结、归纳出一个共性的定义来描绘这些领导者身上的领导力。然而，无论是历史中的领导者还是我在日常生活中接触到的领导者，都让我逐渐意识到——每一个成功的领导者，都是独一无二的。他们的领导力不拘泥于任何固定模式，而是源自每个人独特的内在，体现在他们独有的经历和价值观中。

领导力不是单一、固定的模式，而是因人而异、因情境而变的。一个人独特的个性与特质影响着他如何与他人互动、如何做出决策，以及如何引领团队。有些人天生外向，擅长激励和鼓舞他人，有些人则更倾向于通过深思熟虑的计划引导团队。

比如，史蒂夫·乔布斯（Steve Jobs），他的领导力不仅仅体现在远见上，更体现在他那种对"近乎苛刻的完美主义"的执着追求上。乔布斯从不试图通过妥协取悦所有人，他相信那些最具创新力的产品无须迎合市场，而是要重新定义市场。沃伦·巴菲特（Warren Buffett）的领导力则体现在耐心与冷静上。他始终专注于价值投资，不为市场的短期波动所左右。这让他在瞬息万变的资本市场中屹立不倒，成就了伯克希尔·哈撒韦的商业帝国。再来看任正非，他的领导风格可以说是"铁腕"与"危机意识"的结合，是更具有"战斗性"的。他从不回避困难，反而擅长在危机中寻找突破口。他以独具魅力的领导风格，带领华为从一个国内小企业成长为全球通信行业的巨头。作为小米的创始人，雷军的领导力则显得更为"温和"与"接地气"。他善于抓住机会，通过精准的市场洞察和快速反应，使小米在激烈竞争中脱颖而出。在他的带领下，小米从手机领域扩展到智能生态系统，用最短的时间完成了企业的跨越式发展。

这些风格迥异的领导者，无一不在以各自独特的方式影响着世界。然而，我们无须成为下一个乔布斯、巴菲特、任正非或雷军，也不用去复制或模仿他们的领导力风格，而是需要找到属于自己的路径，去全然地做自己。

个体领导力

我将每个人身上所独有的领导力定义为"个体领导力"。不同于传统领导力侧重于领导者对他人的领导，个体领导力更加强调个体对自我的领导，即通过充分发掘和释放个体内在的力量，推动自己向前。

每个人的领导力潜质都是独一无二的，就像世界上没有两片完全相同的树叶。它是一种潜藏在体内的"内在力量"，等待着被发现和被激活，进而转化为实际的"领导表现"。

所谓"领导表现"，即我们看到领导者在领导组织和与他人协作时所展现出的各种行为、决策、沟通方式，以及与团队成员、合作伙伴和其他利益相关者的互动。当我们探讨领导力时，许多理论和模型都着眼于外在的表现和可见的行为。然而，真正的领导力不仅仅体现在外显的行为中，更深层次根植于个体内在的力量。如果将外显的领导表现视为"果"，那么个体的内在力量就是其"因"，我们总是想要快速得到"果"，殊不知一旦从"果"上下功夫就很容易迷失，或者说只能解决表面的问题。

要想提升个体领导力，首先需要激发内在力量。当我们修炼好"内功"后，外在的领导表现也就会自然而然地呈现，正如古语所云："内化于心，外化于行。"

个体领导力冰山模型（见图1-1）会让我们更容易理解个体领导力的内在力量与外显领导表现的转化关系。冰山模型以水面为交界处，分为"水面以上的冰山部分"和"水面以下的冰山部分"。领导表现是水面以上的冰山部分，为可见的领导力，包括个体的行为、决策、互动方式，这些是能够被他人观察到的。然而，隐藏在水下的庞大冰体，是其他人不可见的内在力量，它包括个体的内在动力、情感、价值观、心智模式、认知水平、信念体系。这些要素虽然不直接显现，但它们却是形成外显领导表现的基础。这些不可见的内在力量决定了一个领导者的思维模式、决策风格和行为模式，从而影响其领导表现。

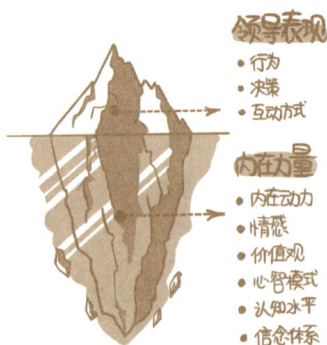

图 1-1　个体领导力冰山模型

领导力无法被传授，只能被唤醒

作为一名领导力教练，我经常遇到人们对这个职业产生疑惑，甚至觉得它带着些许神秘感。为什么领导力需要教练，而不仅仅是老师呢？其中的原因在于，领导力并不是被"教"出来的，它无法通过直接传授获得，只能通过唤醒和引导。

简单来讲，领导力一定要通过你自己获取，需要通过"自我实证"获取。这也是为什么我们要谈论的是"领导力发展"，而不是"领导力教学"。领导力不同于其他可以直接传授的知识，领导力学习是一种不断自我觉醒和成长的过程。"发展"意味着过程，代表持续提升与进化，非一朝一夕能完成。

这一点从很多领导者的经历中就能看出来。我们时常听到某位成功的领导者在回顾自己的职业生涯时，会提到某个关键的转折点——也许是一次艰难的决策、一次失败的教训，或者是一次重大的挑战。他们往往把这一时刻看作自己人生的分水岭。正是在这种关键时刻，个人的内在领导力才能被真正激发出来，从而影响了人生轨迹。领导力发展的过程可以是长期的，也可以在某些时刻迅速实现突破。这种突破，一定是被真实的经历触发的。

真正的改变，往往不是源自对理论的理解或对知识的掌握，而是源自亲身经历的触动和感悟。

做自己的领导力教练

比尔·盖茨（Bill Gates）说："每个人都需要一位教练。"这位教练可以是他人，也可以是自己。请成为自己的领导力教练。没有人比你自己更了解你的内心，没有人比你更明白你的恐惧、你的渴望、你的挣扎。外部的领导力教练固然能够提供很多帮助，但最终，最能有效指导你的人还是你自己，因为你比任何外部的专家都更了解自己真正的需求。

在成长过程中，我们既是"教练"，也是"运动员"。作为教练，我们需要不断地反思、调整自己的行动路径，从一个更高的视角审视自己；作为运动员，我们则需要在行动层面全力以赴，将教练的计划付诸实践。我们要时刻保持对自己行动的反思，既不沉迷于计划，也不因过度专注于执行而忽略了整体方向的调整。在这个过程中，我们要在教练与运动员的身份之间不断地切换——既要提出问题，又要找到答案。

我们需要具备能够时刻从自己身上抽离出来的能力，激发内在潜力。因为，真正的领导力就蕴藏在我们未曾发现的那片广阔天地之中。

第三节

涌现：领导力的本质

我们小时候应该都观察过蚂蚁，当一只蚂蚁单独行动时，它看起来弱小、毫不起眼，只能搬动极其轻微的物体。可是，当成百上千只蚂蚁聚集起来时，它们就能通过简单的互动展现出惊人的力量和智慧。

比如，它们能够齐心协力搬运远超自身重量的食物，并通过释放信息素找到从蚁巢到食物的最短路径；它们还会自动组织修建巢穴，防御外敌，并能根据环境变化调整整个群体的策略。但这一切并不是由某只蚂蚁指挥，而是通过简单的个体行动和局部互动促成的复杂集体行为。这种看似无序、个体微弱的群体，展现出了一种令人难以置信的协调和高效。这种"整体大于部分之和"的神奇现象正是"涌现"的典型表现。

涌现现象作为复杂系统的一种神奇特性，一直普遍存在于宇宙，贯穿在自然、科技与生命万象之中。随着 ChatGPT 等生成式 AI 的爆火，"涌现"这个词被越来越多的人熟知。当 AI 的训练参数和数据量达到某个临界点时，就会展现出某种不可预测的能力，这就是涌现的力量。大语言模型通过对海量文本数据的学习，捕捉到复杂的潜在规律，当模型规模突破临界时，就会突然涌现出前所未有的智能表现。涌现理论解释了 AI 为何能展现出智慧，也为我们理解领导力的本质提供了全新的视角。

领导力实质上也是一种涌现现象。涌现理论的主要奠基人约翰·霍兰德（John Holland）在《涌现：从混沌到有序》一书中指出，系统的整体行为远比其组成部分复杂。领导力既是在群体互动中自发产生的力量，又是在个体内在特质与外部环境共同作用下自然产生的结果。作为一种复杂系统中的自组织过程，领导力符合涌现的两大特性：不可预测性与不可还原性。

"群体涌现"与"个体涌现"

领导力的涌现现象通常同时存在于群体与个体两个层面。

1. 群体涌现

当一群人聚集在一起时，基于某个共同的目标或任务，他们当中会自发地出现一位或几位领导者，带领其他成员向目标迈进。这种领导力的涌现并非依赖于某种正式的权威或事先指定，而是随着群体互动自然发生的。领导力的群体涌现不仅容易被观察，而且普遍存在于我们的日常生活和工作中。

回想一下你在参与小组讨论或团队项目时的经历，是否有人会"挺身而出"，自然而然地承担起组织和决策的角色？这种从群体中自然涌现的领导者往往并不是唯一的，领导力可以分散在多个群体成员之间。

如果你平时喜欢看真人秀综艺节目，那么你就会看到在一个松散的、临时的群体中，领导力的自组织现象是如何发生的。在节目里，明星们经常会被分成几个小组进行比赛，在没有任何事先指定的情况下，不同的成员会自然而然地扮演起领导者角色。作为观众的你，可以很明显地观察到每个人身上所展现的不同的领导力：有人会以"策略家"的身份出现，展现出强大的逻辑思维能力和统筹能力；有人则善于充当"气氛组"，不断提供情绪价值，通过幽默的段子或鼓励的话语调节团队成员的情绪；还有人是无私的"奉献者"，他们会通过实际行动和不懈努力带领团队完成任务等。正所谓"三人行，必有我师焉"，三人中也必定会有领导者。

领导力在群体中的这种涌现现象我们可以从以下几个方面理解。

- **自组织**：在没有明确领导角色的情况下，个体会通过自然的互动、沟通、协作，自发分工。通常，具备较强影响力或特定能力的人会被推举为领导者。

- **任务驱动**：领导力涌现常常与群体的共同目标密切相关。当一个清晰的目标被设定好时，个体之间的互动会自动朝着如何实现目标的方向推进。
- **角色认同**：在群体的持续互动中，成员会逐渐认同彼此的能力和性格，逐步形成领导者与追随者的角色分工。这是一个动态的过程，角色可能会随着任务的变化或情境的不同而不断调整。

群体中涌现的领导力不在于一个人是否被赋予了领导者的头衔，而在于群体中的个体如何通过彼此的互动、互补和适应共同推动任务的进展。每个人都可能在特定情境下充当领导者，其他人则自愿或自觉地成为支持者或追随者，个体的身份可能会频繁转换。这种群体层面涌现的领导力，源于群体共同适应环境的过程——领导力并不是预设的，而是群体内部相互作用的结果。

2. 个体涌现

在宏观层面，群体涌现展示了领导力在群体互动中的自然生成；在微观层面，个体涌现则揭示了领导力在个体内的生成机制，即本书所探讨的"个体领导力"。

一个人本身就是一个复杂的生命系统，领导力是在心智模式、能力、价值观以及与外部环境的互动等因素的共同作用下涌现出的一种高度复杂的力量。这种力量的出现无法被简单归因于个体拥有某一特定的技能或素质，它是各种因素相互作用的自然结果。

领导力从来不是各种领导技能的简单相加，也不是沟通力、倾听力或决策力的组合应用，它是一种整体性的力量，具备动态适应性，能够引导个体根据不断变化的环境和情境调整自己的领导方式，并保持适应性与灵活性。个体领导力的涌现是个体内在力量与外部条件共同作用的结果。

- **内在因素：** 个体的心智模式，即个体如何看待世界、解读复杂问题并做出决策，往往对其领导力的形成至关重要；个体的价值观会在其面对冲突或不确定性时起到指引作用，决定他们的行为选择；个体的个性特质（如自信、毅力和适应能力等）也能促使领导力自然涌现。
- **外部因素：** 外部环境对个体领导力的涌现起着关键作用。外部的挑战、机遇、资源以及支持系统都会在不同程度上推动个体的领导力涌现。

领导力的涌现时刻

美国密歇根大学的组织行为学教授罗伯特·奎因（Robert Quinn）及其团队对"成功的领导者"进行了大量的研究和分析。他们发现，许多看似卓越的领导者——无论是总统、首相还是

CEO——其实在大部分时间里，都处于一种普通状态。普通状态下的领导者往往会停留在自己的舒适区，习惯性地被外部力量左右决策和行动，这种状态下的他们并没有多少人格感召力，更多的时候是在凭借个人权威和经验发号施令。

然而，这些领导者在进入某种特殊状态时，就会展现出卓越的领导力。这种状态通常在他们忠于自己的基本价值观和本能行事时出现。在领导者的最佳时刻，他们并不是通过模仿他人发挥领导力，而是通过回归自我的本真，依循内心深处的信念发挥领导力。

奎因教授将这种状态称为"本真状态"。只有当领导者全然做自己，忠于个人的品格，保持真实和自然，而不是伪装或迎合他人时，才会真正展现出强大的领导力。领导者越是深入地探索自己，越能激发出那种在本真状态下才能展现的内在力量。最终涌现的，与其将它称为"领导力"，倒不如说是"全新的自我"。

你必须成为自己的领导者，不被他人定义。贝壳里的珍珠，起初只是一颗微小的颗粒物，却能在黑暗中逐渐形成独特的内核。这就像个体领导力的形成过程，你必须主动地自我探寻，不断地与内心对话。每一次与自我的深度碰撞，都会让你更加了解自己。困难和挑战不断冲击着你，然而，也正是这些困难和挑战促使你不断磨砺自己，让内在的力量逐渐显现。

第四节

领导力的起点与终点

从自我觉醒，到自我领导，个体领导力的涌现是一个不断自我重构的过程。你可能想知道，是否有什么方法可以能激发这种涌现？答案是肯定的，其中的诀窍就是——学会"跳出自己"。

"跳出自己"，不是让你脱离自己，而是让你在做任何事情时，都能从一个更高的视角去观察自己的行为、情绪和思维方式。我们常常处于一种"不自知"的状态，也就是说，很多时候我们并没有意识到自己正在做什么，或者为什么会这么做。自我领导的意义，就是帮助我们去打破"不自知"的状态。

举个简单的例子，假设你正在与他人沟通，情绪变得激动，难以冷静下来。此时，你的情绪是一种自然的反应，而你对情绪的觉察，则是"跳出自我"的过程。你可能会意识到"我生气了"，这时你就已经站在了一个更高的维度，开始观察自己的情绪。接下来，如果你决定控制情绪，调整自己的回应方式，就是在"领导自我"。更进一步地，如果你在对话前就能意识到可能产生情绪，并提前做好情绪管理，那么你就已经处于自我领导的状态中了。

领导力并不是一种静态的"获得"，它发生在"领导自我—自我领导"的动态循环中，它源于"自我的觉醒"，最终归于"自我的涌现"（见图 1-2）。

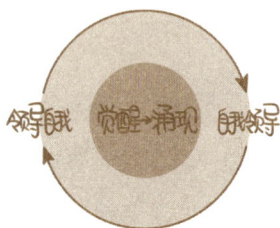

图 1-2　领导力的起点与终点

将"自己"作为对象

领导力的起点始于"领导自我"。通过将自我客体化打破既定的个人边界，并在此基础上开启一种全新的视角，使自己能更坦然地面对外界的未知。

还记得在这个世界告诉你，你该成为谁、你该怎样生活之前，你是谁吗？我们要随时能够跳脱出被动接受的角色，逐步摆脱外界施加的束缚，看到自身的局限，并开始审视内心的真实需求，这是内在自我觉醒的开始。

领导自我意味着内在"主观我"的逐渐觉醒，并意识到外在"客观我"的存在。主观我代表着我们内心的意识、价值观与认同，客观我则表现为我们在实际生活中的行为和反应。我们要认识到自己不仅仅是外在角色的叠加或他人期待的化身，而是一个拥有内在力量的独立个体。这是一种认知转变，更是一种内在力量的迸发，促使我们重新思考、感受并以全新的方式行动。通过不断地自我校正和调整，我们逐渐缩短外在表现与内心真实之间的距离，让生活日渐贴近内心的真实状态。

领导自我，是一切的起点，无论是在生活中还是在工作中，任何想要领导他人的人，首先必须学会领导自己。我在哈佛企业学习（中国）工作时，经常会用到一套经典的领导力框架——"领导自我、领导他人、领导业务"，帮助企业推进数字化转型与提升领导力。如果将其中的"领导业务"替换成"领导生活"，这套框架也同样适用于指导我们在日常生活中的自我管理和发展。

当你能领导好自己时，意味着你已形成了一个稳定的"领导半径"。当你不断地激发自我的内在力量时，你的"领导半径"也随之扩大，能够影响更多人和事物，比如你的孩子、你的伴侣，乃至更广泛的社群和事业。

"领导生活"意味着你开始主动地掌控生活的每一个维度，成为自己生活的掌舵者。这是成长的体现，也是领导力对生活产生积极影响的开始（见图 1-3）。

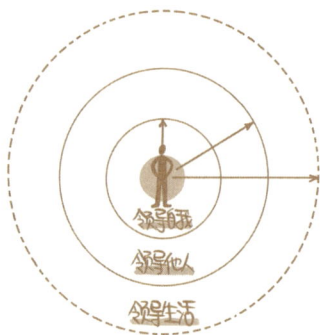

图 1-3　领导半径

把自己作为方法

　　领导力的终点是"自我领导"，是"主观我"与"客观我"的深度合一。在自我领导的状态下，个体不再需要刻意对抗外界或强行引导自己，因为一切行为、决策都忠于真实的内心。此时，领导力不再是外在的技巧或策略，而是一种从内向外自然涌现的力量。这股力量，正是个体在本真状态下，与世界互动的本然方式。

　　社会人类学家项飙老师与北京大学新闻系的吴琦老师在《把自己作为方法：与项飙谈话》一书中，探讨了如何通过个人经验与自我反思理解世界，提出了"个人经验问题化"的概念，即将个人经验视为理解和分析世界的起点，把个人经历转化为"问题"，通过自我审视探索个人经历与更广泛的社会结构之间的联系。

这其实也是自我领导的关键法门——把内在经验转化为问题，不只从经验中汲取教训或收获成就，还将经验中的每一个节点视为新的探索起点。这种视角让自我领导超越了被动接受或总结经验，变成一种持续探索、挖掘新问题的过程。每一次从个人经历开始的问题化，既是我们理解世界的起点，也是我们更加深入地了解自我的起点。

无须预设，自然而然长出你自己

场景实验室创始人吴声老师曾在他的个人年度演讲"成为自己·新物种爆炸 2024"中提出一个问题：成为自己，究竟是"become"（"变成"自己）还是"back to"（"回到"自己）？

或许我们一直都在"寻找自己"这条路上反复横跳，时而渴望成为理想中的模样，时而又回望过往，试图寻找初心与归属。但真正的成长，并非"become"或"back to"，而是一种动态的循环过程——每一次觉察、选择和实践，都会塑造出前所未有的自己。

从"领导自我"到"自我领导"所形成的循环是一种"生成式成长"，它并非沿着既定路径前进，而是不断演化、迭代，就像生成式 AI 的运作机制。如果我们将自我领导的五项修炼（觉察、思考、行动、共情、学习）视作一个领导力大模型，那么每一次自我觉察、每一个实践选择，都是对这个模型的持续训练。那些内在经验的问题化——对困境的反思、对未知的好奇，就像不断输入的提示词，引导我们在探索中生成新的可能。正如生成式 AI 不追求单一答案，自我领导也不是朝向某个固定的终点前进。我们会在一次次突破旧有认知和行为模式后，逐步生成最适合自己的领导方式。这种成长不仅发生在内在的思考与调整中，更需要在现实世界的互动与实践中不断"调优"——在试错中修正，在反馈中精进，在行动中找寻方向。

随着我们对五项修炼的深入理解与实践，自我领导的力量也将随之自然涌现。这并不是奔赴某个单一目标的过程，而是一种开放性的生成，在探索中不断塑造"新自我"。

我的手机里一直保存着吴声老师发给我的一条微信："无须预设，自然而然长出你自己，成为你自己。"自我领导的本质并不是去塑造一个理想化的模板，而是在经历与探索中，让自己逐渐生长出来。当我们不再执着于追寻标准答案，不再囿于"become"或"back to"的二元选择，而是让自己投向当下的觉察、实践与迭代，真正的成长就会发生。

第二章

觉察即内观：
自我领导的内在觉醒

第一节

数字自我：AI 时代的自我观测

现代人的数字身份

AI 时代，我们的生活似乎已经无法摆脱与数字的联系。通过各种智能终端与 App，我们无时无刻不在与数字世界互动，而随着数字深入生活，我们也在不经意间创造着自己的数字身份。数字身份的"行为轨迹"不仅映射了我们的生活习惯，还详细地记录着我们在数字空间中的每一项活动，让我们在数字世界中有了另一种存在形式。

从"社交账号"到"数字人"——今天几乎每个人都在多个网络平台中拥有不同的虚拟身份。我们通过社交媒体分享自己的生活片段、观点和情感；在游戏中选择自己心仪的皮肤和装备，扮演特定的角色与其他玩家对战；用 AI 模仿自己的声音、表情、动作，替我们进行日常直播、发布短视频……现代人的数字身份早已成为日常生活中不可或缺的一部分。

用"数据"重新认识自我

与此同时，数字正在记录着另一个"你"，你的一切行为偏好都在被大数据记录、分析和解读。数字自我不仅是我们在网络上的虚拟形象，也是一种被数据建构和呈现的个人身份，这些身份最终在数字世界里叠合出一个孪生的"自我"。

这个数字自我为我们提供了一个全新的内观视角，透过海量的个人数据，我们可以从多个维度来重新认知自我。通过内观数字自我，我们可以更加了解自己的行为模式和偏好，发现自己的兴趣爱好和特点，甚至可以发现自己之前未曾察觉的一面。这种数据视角下的自我认知有助于我们更深入地了解自己，发现自己的优势和短板，从而更好地释放自己的领导潜能。

然而，在认识数字自我之前，我们还必须问自己一个问题："大数据记录的'我'，是'真实'的我吗？"

比如，你在社交媒体上总是喜欢点赞与健身相关的内容，大数据就认为你是一个运动达人，实际上，你只是羡慕别人的好身材，平日里却从不健身；你的音乐平台播放记录显示你每天都听贝多芬、肖邦和莫扎特的作品，因此得出了你偏好古典音乐的结论，其实你只是为了给孩子早教启蒙而播放这些乐曲，这并不代表你的音乐喜好。

我们可以发现，大数据记录的你并不总是真实的你。很多时候你以为你了解自己，数据却会让你大吃一惊。就像你总是认为自己平时生活很节俭，并没有花掉很多钱，但每月购物网站的消费账单总让你大跌眼镜；你认为自己没有在刷短视频上花费很多时间，但使用时长的数据统计也总是让你震惊，每天竟然浪费了这么多时间。

数据视角下的数字自我让我们开始思考内在自我的真实性和可观察性。我们的数字自我是否真实地反映了内在自我，还是说它只是我们选择性地展示给他人的一部分？这个问题涉及我们的自我认知和自我表达的复杂性。虽然数字自我为我们提供了一种看待自己的新视角，但我们也要留意，它可能会让我们迷失在表象之中。

数字世界对自我认知的影响

在史蒂文·斯皮尔伯格（Steven Spielberg）执导的电影《头号玩家》中，虚拟游戏《绿洲》成为人们逃避残酷现实的庇护所。电影设定的未来世界中，整个社会充满了贫困、污染和动荡，全球经济陷入衰退，资源短缺和环境恶化使得人们的生活变得异常艰难，社会分裂严重，贫富差距悬殊，普通人只能在贫民窟里勉强度日。面对这样残酷的现实，许多人选择逃避到《绿洲》中。

在那里，现实中的问题不复存在，只有无限的可能和自由。

无尽的冒险、娱乐和社交机会，让人们暂时忘却现实中的烦恼。在这个虚拟的世界里，人们可以选择自己的数字身份，进而创造出完美的虚拟形象，过上理想化的生活。

虚拟世界的美好与现实世界的残酷形成了鲜明的对比。人们在《绿洲》中沉迷于虚拟的数字自我，希望在虚拟世界中获得自己在现实中无法得到的认可和满足。然而，随着数字自我变得越加完美，现实中的自我却逐渐模糊，现实世界的困境被抛诸脑后。

电影主角韦德·沃兹就是这样一个典型的例子。他生活在贫民窟中，家庭破碎，生活艰难，唯一的寄托便是《绿洲》中的冒险。他化身为勇敢的探险者帕西法尔，在虚拟世界中寻找传说中的彩蛋，期望能改变自己的命运。他沉迷于虚拟世界的快感，却没有意识到现实世界的贫困、污染和社会不公平仍在持续加剧，甚至变得更加糟糕。

把镜头切换到我们自己，这已经不仅仅是电影中的情节，而是现实生活中许多人所面临的真实情境。随着数字科技的飞速发展，我们的生活与数字世界日益紧密地交织在一起。社交网络、增强现实和元宇宙等数字空间成为我们塑造和展示自我形象的舞台。甚至，我们即使想在自己的朋友圈里发布一条动态，也会不由自主地考虑这条内容会被谁看到、看到后又会有什么反应、会给人留下什么样的印象，从而影响我们编辑的方式、措辞的使用，以及背后的角色设定。我们费尽心力地展示着推敲打磨后的"人设"，做着尽善尽美的"形象管理"。但呈现出的，似乎都只是"我们想呈现给别人的自己"而已，我们乐此不疲地让数字自我扮演着自己的形象大使，不断地在虚拟的数字空间中建构和强化自己的数字身份。通过不同的社交媒体，我们精心挑选和编辑照片与文字，展示自己希望他人看到的某一个侧面，无论是成功的事业、幸福的家庭，还是精彩的旅行经历。随着数字自我越来越占据主导地位，真实自我的轮廓却渐渐模糊，甚至被遗忘。我们习惯用滤镜和修图软件来美化自己的外表，用精心设计的内容包装自己的生活，这一切使得我们在数字世界中的形象变成了一种"理想式存在"。

在现实生活中，许多患有社交恐惧症的人，在社交媒体上却可以表现得非常活跃和外向。他们在网络上畅所欲言，展示自己平时不敢表现的一面。有些人在现实中老老实实、言行拘谨，但在网络上摇身一变，瞬间成为无所畏惧的"键盘侠"，肆无忌惮地发表激烈的言论，甚至恶意中伤和攻击他人，一如戏言"现实里唯唯诺诺，网络上重拳出击"。

很多时候，数字自我其实是我们内在真实的自我意识的投射，它揭示了我们内心深处隐藏的一面。在现实生活中，我们可能会受到各种社会角色和期望的限制，难以完全展示真实的自我。在数字空间中，由于我们表达时的压力更小，会更容易自由地进行自我披露。这是数字自我有意识、有目的的呈现，也是特定方式下的自我构想。

越是沉浸于数字世界，我们与真实自我的距离就越远。我们可能会忽视自己真实的情感和需求，而过分追求虚拟世界中的认可和满足。除了个人层面的影响，数字世界也在深刻地塑造着整个社会的自我认知。这种数字化的自我映射对于个体和社会的心理健康和社会关系都产生了深远的影响。

在现实社会中，我们必须有实实在在的结果与成绩才能赢得他人对我们身份的认可，但是在社交账号上是可以"偷工减料"的，依靠精心的编排、美颜滤镜、剪辑设计等，我们就可以"搭建"出自己理想的数字自我。这样，人们就更愿意沉浸于数字世界。渐渐地，数字自我甚至在很多时候会取代真实世界中的自我，被营造出来的数字身份在无形中操纵着人们的行为。这让我们不禁发问："究竟是现实自我在领导数字自我，还是数字自我在领导现实自我？"

我们该如何领导数字自我

我们必须意识到，数字自我只是"自我"的一面镜子，真正的自我只存在于我们的内心深处。面对数字自我，我们必须学会领导它，而不是被它牵着走。要想做到这一点，我们首先要意识到数字自我与真实自我的区别，保持清醒的头脑。相信以下几个策略可以帮助你更好地领导数字自我。

1. 审视和调整数字自我形象

我们要定期审视自己在数字世界中的形象，评估数字自我的行为和表现，确保它真实地反映了我们的内在自我。我们还要辨别哪些是为了迎合他人期待而展示的虚假形象，哪些是我们真实想要表达的自我。如果发现自己在网络上展示的形象偏离了真实自我，那么我们就要及时做出调整，回归真实。

同时，我们可以时常与信赖的朋友或家人聊聊，听听他们对我们数字形象的看法。这些人往往能够提供我们身处数字世界中时看不到的视角。在接收反馈时，我们要保持开放的心态。毕竟数字自我是动态的，它会随着时间和人生经历的变化而变化。确保自己的数字形象始终与真实自我保持一致，有助于我们在数字世界中建立真实和可信的个人品牌，也能提升我们的自我认同感和内心的平衡感，逐渐培养内外一致的生活方式。在虚拟和现实的交汇中，数字自我应是真实自我的延伸，而不是它的替代。

2. 适当的数字"断舍离"

在使用社交媒体和其他数字平台时，需要设定明确的界限和优先级。首先，我们要设定每天使用这些平台的时间，防止我们陷入无休止地沉迷。优先考虑能够启发我们成长的内容，把更多的时间投入现实生活。此外，可以定期整理社交媒体上的关注列表，避免被不必要的信息困扰。例如订阅高质量的新闻账号，关注那些可以提供专业知识或积极生活方式建议的账号，接收更多的有益信息。我是以月为单位进行"数字整理"，让自己的数字空间更加清晰有序。

设定界限不仅是在时间和关注内容上，还涉及对自己心灵的保护。学会与一些负面评论和无所谓的争论保持距离，不让它们影响到我们的情绪和判断力，也是现代人的必修课程之一。在哈佛商学院的领导力研究中，关于如何学会倾听的第一个内容就是如何选择倾听内容。所以，当我们看到一些无缘由的负面评论或不自觉地被卷入无意义的网络争论时，如果一时没有想到如何应对，那么选择不予回应或许是一种简单的办法。

3. 培养真实的社交关系

数字世界中的社交关系往往会变得越来越表面化，短暂的连接会在虚拟世界中迅速展开，随即又迅速消失，而真实的社交关系则需要用时间和精力去培养。我一直深信，与家人、朋友和身边人之间真实的互动是我们生活中不可复制又无比珍贵的存在，这些深厚的联系能为我们提供真实的滋养，远胜于任何数字交流所能带来的效果。

因工作需要，我每天都要处理大量的"线上关系"。我会经常反思：面对屏幕上那些短暂的社交互动，我是否真正感受到了彼此的存在和情感的交互？在这样的思考中，我尝试发起了一个有意思的计划，叫作"数字排毒计划"。我发动身边的人，让他们每月选择一个休息日，除了接收必要信息，远离所有数字设备，专注于与家人朋友的互动、享受大自然、进行运动等。

美国作家、哲学家亨利·梭罗（Henry Thoreau）有句话一直让我印象深刻："我生活的地方，我生活的目的。"我觉得他是幸运的，他出生的地方就是他的精神故乡。梭罗曾在瓦尔登湖独自生活过两年多，他说在那里，他可以得到"真实"。

如果此刻的你也感受到了数字世界让自己的生活不那么真实，不妨试试"数字排毒计划"。我们会谴责无所事事的人，那么碌碌无为的人是不是更应该受到谴责呢？我们总是过于匆忙，习惯于在固定的坐标上"潦草"地处置我们的生活，碎片化的信息切分着我们的思想，让我们无视四季更迭与晨昏交割，甚至渐渐失去了抒情的本能。我们要重新与"真实"发生连接，减少对数字自我的过度依赖，找回那些被快速通信和表面社交掩盖的真情实感。

4. 关注内在成长和真实需求

与其追求虚拟世界中的认可和满足，不如关注自己的内在成长和真实需求，将注意力从数字自我呈现的表象转向内在自我，去感受和体验内在的变化，更加清晰地认识自己的情绪、需求，从而做出更符合内心真实意愿的决策。

要想领导好数字自我，最重要的是认识和理解真实的自我，而对一个想要实现自我领导的领导者来说，最重要的就是清楚自己是谁。使我们迷失的从不是数字，而是那些我们以为的自己，因为那不一定是真实的自己。真正的自我存在于更深的层次，需要我们通过持续深入地自我探索逐步发现和理解。

领导数字自我并不意味着排斥数字科技或完全摆脱数字世界，而是在数字化的生活中保持自我的主导权，让数字技术成为我们成长和发展的助力，而不是束缚我们的枷锁。

我们要通过自我反省、设定界限、培养真实的社交关系、关注内在成长以及审视和调整数字自我形象，逐渐找到数字自我与真实自我之间的平衡点。如果有一天，我们能够自如地领导自己的数字自我，并坦然地说出"数字自我即是我"，那或许就是笛卡尔的"我思故我在"在 AI 时代的全新诠释。

第二节

具身认知：用身体重新认识自己

　　有了女儿后，我常常观察新生的她是如何认识这个世界的。她没有任何可以证明时间的工具，在她的世界里，只有"此刻"发生的一切与身体的互动。她会很认真地注视自己的双手，然后反复把它们伸开又合上，伸开又合上。她会用手指笨拙地拿起一粒泡芙球，再试图把它放进自己的嘴里。她在不断尝试控制自己的手。

　　在我眼里，这样小小的孩子像是在做某种实验的科学家。虽然他们并不精通物理、化学以及其他学科的任何原理，身边也没有任何可用的精密实验仪器，但是他们就是可以凭借自己的身体完成来到这个世界最初的探索。吃到有点酸的食物时，他们会本能地皱鼻子；碰到尖锐的物体时，他们会下意识地后退；看到颜色鲜艳的卡片时，他们会兴奋地大叫……

我们是如何认识自我的

从吃第一口食物、第一次握手到逐渐学会走路和说话，身体的每一个动作和每一种感知都是自我意识形成的基础。正是通过这些最初的身体经验，我们开始认识到"自我"的存在。通过不断地探索和尝试，我们慢慢了解到自己的身体能做什么、不能做什么，逐渐形成了对自我的认知。

身体是我们与现实世界互动的媒介，使我们在这个过程中逐步认识和理解自己。例如，当我们感到饥饿时，身体发出信号促使我们寻找食物；当我们感到疲倦时，身体提供反馈让我们知道需要休息。这些身体感知和反应不仅帮助我们适应环境，也在不断地塑造我们的自我认知。

要知道的是，认知并不只是一项"大脑工程"，也包括身体的参与，及其与环境的互动。通过身体与环境的互动获得运动感知经验，这是人们形成对具体事物认知的根本。

我们对空间的理解基于我们身体运动的感知：我们知道"前方"是指我们身体运动的方向，"后方"是指我们身体运动的反方向。我们对时间的理解基于我们身体的节奏和周期：我们知道"一秒"大概是我们眨眼一次的时间，"一分钟"大概是我们心跳70 次的时间。我们对情绪的理解基于我们身体的感受：我们知道"快乐"是指我们感到愉悦和兴奋，"悲伤"是指我们感到难过和沮丧。

"具身认知"（embodied cognition）这个概念可以很好地帮助我们理解，我们如何通过身体建立对自我的认知。具身认知是一种认知科学理论，它主要研究身体经验对认知过程的影响。这一理论认为，我们的认知不仅依赖于大脑的运作，还受到身体感知和行为的影响。换句话说，我们的身体不仅仅是意识的执行工具，它本身也参与塑造我们的认知能力。

我们的情感、思维和行为都离不开身体的参与。身体与环境的互动为我们提供了丰富的感知经验，这些经验不仅帮助我们理解世界，也帮助我们理解自己。

身体：自我意识的来源

我们的自我意识不仅源自大脑的思考，也源自那些深深根植于身体的体验。身体不仅仅是意识的物理基础，还通过感知和动作活动直接参与了意识的形成和表达。身体感知和动作的多样性不仅丰富了我们的感知经验，还影响了我们的认知方式和决策过程。

同时，身体是物质世界和精神世界的节点，也是内在自我和外在世界的遭逢之所。身体，就像一个灵敏的接收器，将外在的一切投射到我们的意识之中；同时，身体又是自我意识最直接的表现和载体。

现代人的问题：身体的系统过载与意识的分离

我们的身体不仅仅是一个个独立的器官和组织的集合，它还是一个复杂的认知系统，包括运动系统、知觉系统等。我们通过身体与环境的相互作用，以及根据生物体结构设想这个世界。

通过整个身体认知系统的运作，我们看到这个世界的颜色，听到这个世界的声音，闻到这个世界的气味，尝到这个世界的味道，同时也触碰到这个世界的物理现实。如果没有身体，我们就无法呼吸，无法行走，更无法感知。

但是，我们很容易忽略以上我们所提到的最简单的事实。现代人的身体与意识常常处于一种分离和断连的状态，往往在身体出现障碍和问题时，人们才会意识到它的存在。

明明眼睛感觉疲劳，却还是一直盯着电脑或手机，欲罢不能；明明身体已经非常疲惫，却还在熬夜刷短视频、追剧；明明已经吃饱了，却还在往自己嘴里送零食；即使知道自己需要活动，也还是一直窝在沙发上；尽管知道饮酒、吸烟危害身体健康，但是无法控制自己……一些男生在刚进入职场时还意气风发，工作几年后就变成了挺着啤酒肚、发际线上移的"油腻"大叔，身体对他们而言就像是为了活着而提供的燃料库，只会被无限度地榨取；一些女生把身体当成实验室，尝试各式各样稀奇古怪的减肥招数，过度节食造成代谢紊乱，乱用药物对身体造成伤害。

渐渐地，我们身体的感知变得迟钝，我们被各种充斥在大脑、思维里的声音干扰，便很难接收到来自身体的觉知信息。最终，身体成为被支配的"工具"，只能不停地被利用，以满足我们的欲求。我们会感到身体沉重、消化功能不好、很容易疲惫、断崖式衰老……这背后的一切都指向我们正在逐步失去对自己身体的领导权。

领导好身体，才能领导自我

要想领导自我，先要学会领导自己的身体。只有理解和尊重身体，才可能有机会与它建立起深度的连接。

1. 关注内在的身体感受

你有多久没有和自己的身体好好进行一场对话了？将注意力给予身体，有觉知地聆听身体向你发出的信息，并且尊重身体的意愿……通过内感受，我们可以更加敏锐地感知自己的身体感觉和情绪状态。每个人的内在都有活出全然自己的冲动，只是外在的各种规矩，一步步地压制了这份冲动。

情绪是身体的信号，情绪往往伴随着身体的反应，如心跳加速、呼吸急促、肌肉紧张等。这些身体信号是情绪的外在表现，也是我们观察情绪的重要线索。当我们感受到身体不适时，不妨停下来问问自己："我现在是什么感觉？"从观察情绪开始，留意身体的反应，我们可以更清晰地识别当下的状态。

当我们感受到某种情绪时，不要急于压抑或逃避。相反，我们应该尝试观察它，去探究它背后的原因。是什么触发了这种情绪？它与我们当前的生活状态、环境或人际关系有何关联？

要去尝试理解自己的情绪，找到情绪的根源。尤其是一些负面情绪，如焦虑、紧张、愤怒等，这些情绪也许可以被我们压抑，但并不会消失。相反，它们要么被我们带回家里，发泄给家人，伤害我们最亲近的人；要么储存在我们的身体里，最终引发我们身体的各种健康问题。

带着想要消除负面情绪的心理进行情绪管理，这本身就是一种情绪对抗，会适得其反。所以，在观察情绪的过程中，我们还要学会调整自己的心态。情绪不是我们的敌人，而是我们的朋友。它们会告诉我们内心的需求和期望是什么，引导我们走向更好的方向。当我们面对负面情绪时，不要过于沮丧或自责，而是要学会接受它、理解它，并寻找积极的方式来应对它。在被动、机械化、满负荷的工作模式下，我们很难真正地放松下来去感受自己的情绪，这时我们需要让自己暂停，为自己的感受创造一个空间。每个人都应该有一个心灵之乡，这是一个能包容我们全部心绪的港湾。威廉·毛姆（William Maugham）在《月亮与六便士》中曾谈到心灵故乡的意义，大概意思是，每个人都需要一个栖身之所，可以在那里找到宁静。当然，他说的是物理空间。我想表达的是，每个人都可以为自己搭建一个这样的心灵空间，一个能让情绪自然流动的地方。那里既接纳我们的欢喜，也包容我们的悲伤。在那里，我们会与自己握手言和。

2. 内感受记录

我们可以每周固定花 10 ~ 20 分钟来刻意感受自己的身体和情绪发出的信号，并进行相应的记录。这一过程可以通过回答以下几个问题来完成。

- 我的身体现在感觉怎么样？有没有哪个部位比较紧张或不舒服？
- 我感觉到口渴、饿或者饱吗？程度如何？
- 我现在的呼吸是否均匀？偏快，还是偏慢？我能感受到呼吸时胸腔和腹部的变化吗？
- 在不接触胸口或手腕时，我能感受到自己的心跳吗？
- 我今天的什么行为影响了我的身体感受？有没有哪里痛？
- 如果身体有不舒服的感觉，是什么行为或者习惯导致的？比如，久坐？

重新建立与身体的联系

我们需要有意识地觉察自己的身体，让自己处于更加专注、接纳、开放、敏锐的状态。"身体扫描"是一个有效重新建立我们与身体的联系的方法。

我们可以在每天晚上睡觉前进行"身体扫描":闭上眼睛,先做几个深呼吸缓解一天的紧张情绪,恢复内心的平静;然后,带着轻松的心态,从头顶开始,关注身体的每一个部位——慢慢地,从额头、眼睛、鼻子、嘴唇到脖子和肩膀,逐渐向下,直到脚趾,逐一感受它们的状态。

这种扫描式的觉察可以帮助我们发现身体的紧张和不适,进而采取相应的措施来放松和调整。例如,在扫描过程中,如果发现肩颈部位紧张,我们可以轻轻地转动脖子,做一些简单的伸展动作,以释放压力。

此外,我们还可以通过运动使自己与身体之间的联系更紧密。选择一项自己喜欢的运动,如瑜伽、太极、慢跑或游泳等,每周定期进行。运动不仅有助于提升身体的健康水平,还能让我们更好地感知身体的力量和灵活性。在运动过程中,尽量集中注意力在身体的每一个动作上,感受肌肉的收缩和放松、心跳的加快和减缓。如果感到疲倦,就给自己一个小憩的机会,让身体休养;如果感到饥饿,就选择健康的食物补充能量,避免过度消耗和承受不必要的负担;如果身体感到不适,不要忽视,及时寻求帮助。

重新建立自己与身体的联系,也是我们在 AI 时代重新觉察自我、发现自我的过程。荀子的"形具而神生",意在说明身体是精神生发的根源。身体是我们与外界互动的重要媒介，通过它，我们不仅能够体验到丰富多彩的世界，还能在与环境的交融中重新认识自身的存在与意义。

第三节

保持在场：在当下遇见真我

你是否也会时常怀念过去，觉得"从前车马慢"，一切都比现在更令人满足？你是否也曾幻想，如果能回到过去，重新做某个决定，现在的人生会因此而不同？你是否依然被过去的伤痛困扰——那些来自原生家庭的创伤或曾经经历的挫折，至今仍然在深深地影响着你，让你难以摆脱负面的情绪和记忆？

当你想到未来时，你是满怀期待，希望迎来全新的机遇和改变，期待成为更好的自己，还是时常感到恐惧，害怕那些无法掌控的未知挑战与变化，担心一切会变得更加复杂和艰难？

在这个快节奏的世界里，我们常常陷入对过去的追忆或对未来的想象，而忽视了当下自我的存在。

困在过去与未来的痛苦

为什么我们常常感到痛苦和不快乐？很多时候，是因为我们让自己停留在了过去。过去的痛苦、过去的失落、过去的委屈、过去的失败、过去的打击、过去的创伤……这些"过去"像是无形的枷锁，将我们牢牢困住。即便是过去的成就与荣耀，有时也会成为一种束缚，让我们徘徊在自己的舒适区，难以迈出新的步伐。我们似乎总是在与过去较劲，不愿放手，也不知如何前行。

还有很多时候，我们是在思考未来。我们时而为不确定的未来感到焦虑和担忧，时而也会将自己最真切的希望寄托在未来。在当下遇到难处时，我们总喜欢说"等到了某某时候，就好了"。你可以回忆一下，是不是经常听到这个句式："等上了大学，就好了""等工作了，就好了""等结婚了，就好了""等公司上市了，就好了"……我们总以为，当人生到了某个时间节点，生活就会自动如愿以偿。然而，当那些"特定时刻"到来时，我们却发现一切并没有如想象的那样变好，反而更多时候迎来的是新的压力和焦虑。

我们常常忽略一个重要的事情：我们对过去的回忆和对未来的期待，其实都是发生在当下，而我们恰恰忽视了最重要的"此时此刻"。

当一个人始终被困在过去与未来中，而不是活在当下时，就永远都不会得到自由。在对过去美好的追忆中，我们陷入了怀恋；在对过去悔恨的思索中，我们则深陷痛苦。当我们对未来充满憧憬时，可能会期待不已；而当我们对未来感到悲观时，心中则充满无尽的担忧。

"真我"只在当下被塑造

我们就这样徘徊在回忆与期待的两端，把"当下"视作一段过渡，而非生命意义的真正所在。很多人认为，当下的自我并不是真实的自我，因为我们常常被迫在生活中扮演自己不喜欢的角色。比如，你觉得自己明明是个"I人①"，却常常要假装成一个"E人"，因为似乎这样才能在职场"混得开"；或者，你可能正在家庭中承担着超出自己能力的责任，拼命迎合亲人的期望，却无法言说自己的真实感受。

你总说"那不是真正的我"，你总是想回到过去寻找真实的自己，或者等待那个最好的自己的到来。然而，你有没有想过，真正的你到底是什么样子？是过往的经历和决定塑造了今天的你，还是某个尚未实现的未来目标才能定义你的价值？此刻此地的你，难道不是真的你吗？

这让我想起"庄周梦蝶"的典故。庄子梦见自己变成了蝴蝶，醒来后疑惑不已：究竟是庄子梦见自己变成了蝴蝶，还是蝴蝶梦见自己变成了庄子？这个故事既是在展现"真我"与"假

---

① I人、E人是网络流行语，分别对应 MBTI 人格测试中的两大类型。I人是指性格内敛的人；E人是指性格外向的人。

我"的对话，也是在探讨"我是谁"的问题。当我们固守某种自我形象，总以为过去或未来某个版本的自己才是真实的自己时，便容易陷入"假我"的困境。请停止使用"那不是我"的借口。在社会中打拼，我们确实有时身不由己，不得不做一些自己不喜欢的事情，但千万不要因此而否认此刻的自我。当我们不再执着于一个固定的身份标签，而是允许自己在当下"自由流动"时，"真我"便在此刻得以涌现。

所谓"真我"，并不是在过去和未来中找寻的，而是在当下被塑造的。此时此刻，我们的思考、感受和决定，每一个选择，每一个行动，都在成就真正的我们。只有当我们专注于当下时，才能真正掌控生活的方向。真我并非固定不变，它随着我们的经历、觉察和选择不断演变。

真我从来不是过去或未来的某个目标，它无关外界的评价，也无关某个理想中的自我形象，而是存乎于我们的内在本心，它始终流动在当下的每一个决定、每一句话语和每一个行动中。

保持真我的关键，就是"活在当下"。

为什么进入当下很难

其实，"活在当下"这个词人人都听过，大家也普遍认同其重要性。然而，真正做到这一点并非易事。

大多数人都认为时间是线性的，"当下"就是时间线上的一个点，这个点往前是"过去"，往后叫"未来"。实际上，"当下"并不是时间线上的一个点，而是一个不受时间束缚的存在状态。

进入当下的难点在于，很多人对这个概念存在误解。"当下"不是一个时间概念，所以如果我们用时间概念来理解它，是进不去的。爱因斯坦曾写下一段话："我们这样的物理信徒深知，过去、现在与未来，不过是根深蒂固的幻觉而已。"我们总是习惯把"当下"当作一个时间概念，而忽略了它的特殊性。

混沌学园的创始人李善友老师曾在他的个人年度演讲里给"当下"做了一个定义："当下是时间与时间之间的缝隙。"这条缝隙既可以无限小，也可以无限大，取决于我们如何感知它。

禅宗讲，刹那即永恒，一切皆虚幻。我对此粗浅的个人理解是，"刹那"就是"当下"。它不是上一秒，也不是下一秒，而是我们意识到自身存在的那个瞬间，这个瞬间我们放下对过去的执着，停止对未来的预判。当下是永恒的，只有此时此地的自我才是真实的，而回到当下，便是回归生命的本质。

自我领导与正念练习

当思绪占据了过多的意识空间时，我们便失去了与当下的联系。自我领导可以帮助我们回到当下，与内在的真我连接。自我领导不是让我们反思过去或规划未来，而是让我们保持对当下的觉知。通过这种觉知，我们能够听清那些干扰我们内心平静的杂音。当这些杂音淡去时，我们便能够深深地进入当下，保持内心状态的稳定与清明。

进入当下，不是让我们去追逐某个稍纵即逝的瞬间，而是让我们放下对过去与未来的执念，用心去体验当下时刻，倾听此时此刻的内在声音。要想获得这种对当下的觉知，有很多种练习方法，如正念、禅修等，我个人比较推荐的是正念练习。

正念练习的核心在于"学会观察自己的念头"，这与自我领导的底层原理是相通的。通过观察自己的念头、情绪和身体感受，我们可以让自己从无休止的思绪中解脱出来，引导注意力回到此刻，停止对过去的回忆和对未来的担忧。要想进入当下，我们需要清空大脑，让自己变得专注。只有在内心宁静的时候，我们才能更好地观察自己的内心动态。这个过程看似简单，却需要持续地实践。

我们可以尝试每天在一个固定的时间进行正念练习，比如早晨花 10 分钟左右的时间。正念练习不需要特别复杂的准备，我们只需找一个安静的地方坐下，闭上眼睛，观察自己的呼吸，感受空气进入鼻腔、流向肺部，然后从身体排出，感受自己的存在。我们的注意力会偶尔分散，思绪会浮现，这些都是正念练习的一部分——当我们意识到自己分心时，不要批判自己，只需要温柔地将注意力重新带回呼吸上。随着练习的深入，我们可以考虑逐渐延长练习时间，从 10 分钟延长到 15 分钟、20 分钟，甚至 30 分钟。通过这样的练习，我们可以逐渐培养出对当下的觉知能力。

另外，正念写作也是一个很好的方法。每天花一点儿时间，写下自己当下的感受和想法，不需要华丽的辞藻，只需要真实的表达。这不仅可以帮助我们更好地理解自己，还能作为一种实况记录，帮助我们看到自己的成长和变化。

在日常生活中，我们可以通过一些小习惯增强自己对当下的觉知。这一点有些类似我们所讲的"时时明觉"。在禅宗里，修行不是一次顿悟就完成了，而是始终要对日常的小事保持觉察。所谓"行住坐卧，皆是禅"，在吃饭时放下手机，专注于食物的味道和口感；在走路时关注每一步的感觉，而不是想着目的地；在与朋友交流时，专注于对方的声音和表情，而不是分心于其他事情。这些小习惯看似微不足道，却能实实在在地显著提升我们的生活质量。

所谓"自我领导"，就是能够在当下主动塑造自己的命运，不再受制于过去的阴影，亦不被未来的迷雾牵绊。未来看似是远方，实则与此刻息息相关。自我领导赋予我们一种力量，让我们不再是被动的旁观者，而是主动的创造者。未来并不是遥不可及，而是隐藏在我们的当下之中，生活即此刻。

尽管我们无法掌控外部环境的变化与起伏，但我们可以掌控自己如何去感知、如何去生活，让自己自然而然地成长为本来的样子。

第四节

使命感：你要如何"使用"你的生命

当谈到"使命"时，你会想到什么？也许，你会下意识地想到挂在公司墙上的那些标语；抑或，你会想到一些伟大的历史人物，他们肩负使命，推动了世界的进程；再或者，你会想到文明信仰中的神圣使命，带着庄严和神秘的色彩。"使命"这个词在人类文明的历史长河中一直被赋予非凡的意义。

普通人需要使命吗

有人说："我这个人没什么大的野心，平平淡淡过日子就行，没有使命我也会活得好好的。"有人说："使命是那些站在聚光灯下的人才需要思考的，和普通人无关。"还有人说："'使命'这个词听起来就'假大空'，好像离我的生活很远。"

真的是这样吗？是不是只有那些身居高位和肩负重任的人才需要去思考和追求自己的使命呢？普通人就不需要使命吗？

我们总是用过于高尚而宏大的词来描述使命，以至于把它推得离自己很远。其实，如果换个角度，抛开那些"高大上"的词语，用最简单、最朴素的语言来形容它，使命就是——你要如何"使用"你的生命？

使命是人生中最重要的"1"

东野圭吾在《使命与魂的尽头》里写下："每个人都有自己才能完成的使命，每个人都是怀抱着使命出生的。"

每个人都需要思考使命。人生只有一次，当时间的沙漏一刻不停地流逝时，什么是你最想抓住的？什么是让你觉得这辈子不虚此行的？那件对你来说最有意义的事情，就是你的使命。使命是对人生意义的终极追寻。使命不在于大小，也无关别人怎么看，它的美妙之处在于能让你在每天早上醒来时，感到自己的生命是被点燃的。使命让你选择书写自己生命的方式，是你对时间、对生命的一种回应。

我们说一个人找到了自己的人生使命，往往意味着他思考并探索出了这些问题的答案："我为了什么而存在？""我要成为什么样的人？""我要终生从事的工作是什么？"每个人关于人生使命的答案都不一样，可能是为孩子制作出甜美的蛋糕、点心，可能是致力于改善老人的晚年生活品质，也可能是为女性成长提供尽可能多的帮助。这些使命或许看起来并不宏大，但是都非常有意义。

　　使命会把"你是什么人、你想成为什么人"与"世人认为你是什么人、世人希望你成为什么人"区分开来。有时，我们就是需要相信一种"神圣的冲动"。这种相信意味着一种回归，保留对世界的虔诚心和敬畏感，能让我们在某个瞬间清晰地看见自己应该做的事情，回到本源，找到生命中那个关键的"1"。我们在这里提到的"1"就是"使命"。不管在人生哪个阶段，只要我们愿意相信它的存在，它就会为我们指引方向。

如何找到自己的使命

　　找到使命并不是一件容易的事情，因为定义"什么最有意义"这件事本身就非常困难，它与每个人的心智成熟度、人生阅历有关，而且使命并非一成不变。丹尼尔·克莱恩（Daniel Klein）有一本书，书名就是《每当我找到生命的意义，它就又变了》。这本书的灵感来自他对过往摘录的金句和记录的感悟，他说自己在连"意义"有什么意义都还没搞清楚的时候就思考生命的意义，好像也没什么意义。直到某一刻，他突然醒悟，无论年少还是年长，自己所感知到的一切都是有意义的，一切的意义也都在变化。

　　使命不是一开始就显而易见的，而是随着生命的成长慢慢浮现的，代表了人们对"我为何而来""我要成为什么样的人"的深刻思考。有人在挫折中领悟，有人在平凡中发现，有人在爱与奉献中找到方向。也许你此刻觉得迷茫，但请相信，每一段经历、每一个选择，都会在未来的某个时刻汇聚成你的答案。

很多时候，使命不是刻意寻找的结果，而是在某个时刻主动"降临"到我们身上的。它可能会突然出现在我们生命中的某一刻，也可能因各种原因迟迟未现。

那么，当使命来临时，我们如何准确地意识到"这就是我的使命"呢？

这就需要我们有对使命的感知能力——使命感。它是一种通过持续反思与行动不断探索内心深处的能力，可以帮助我们更清晰地识别并确认自己的使命。

使命感比使命更重要

使命很重要，但使命感往往更重要。在我们还未找到明确的使命时，使命感能够产生一种无形的力量，赋予生活中的每一件小事以意义。每个人都有陷入迷茫的时刻，当我们面对"这一切究竟有意义吗"的困惑时，使命感会告诉我们："即使此刻看不清意义，但它值得你认真对待。"这种信念让我们在无数次怀疑中坚持，也让我们在平凡的日子里获得满足感。

只要我们相信使命的存在，使命感就已经在起作用了。

使命感是一种相信的力量，或许我们不会在一开始就明白自己"注定要做什么"，但只要我们带着使命感认真地生活，等到使命降临的那一刻，我们一定会心生笃定："这，就是我的使命。"

使命的出现，很多时候是由内心细微的声音引发的。许多人其实都能感受到这些内在的呼唤，却选择忽略它。因为他们从不相信自己有能力去完成什么"使命"，甚至害怕那些声音带来的责任感。只有极少数人选择去回应召唤，并相信这种悸动源自内心深处，他们愿意追随这份召唤，哪怕前路充满未知。

使命感是持续自我领导的内在动力

在"意义缺失"的当下，有太多的人在追问："工作日复一日，生活千篇一律，努力没有尽头，我为什么会这样？""它们的意义在哪里？"

我们越是感到虚无，就越需要使命感。使命感在自我领导中发挥的作用，就是让我们把在生活中遇到的每一件小事都当成一种关于自我领导的历练，然后去相信那些"看不见"的东西，相信一种抽象的价值。它们可能是正义的力量，是对爱的信仰，是对人类未来的希望。虽然这些东西无法用手触碰，也无法用公式计算，但它们却是让我们坚持下去的力量所在。

怀有使命感，并不是为了让我们成为一个伟大的人，而是为了让我们成为一个完整的人，为了让我们在面对生活时，始终能够带着一种从容与笃定。

第三章

思考即创造：
自我领导的心智跃迁

第一节

当算法接管思考

2016 年，世界的目光聚焦于一场围棋比赛——谷歌开发的围棋程序"AlphaGo"（阿尔法围棋）对阵世界冠军、职业九段棋手李世石。这场被誉为"世纪人机大战"的对决，更像是人类与机器之间的一次"思考"较量。在比赛前，很多人都不相信机器能够战胜世界冠军，然而，结果出人意料，AlphaGo 最终获胜，李世石沉默退场。这一幕仿佛成为一个隐喻，预示着机器正在超越人类的"思考力"。

初代 AlphaGo 让人们惊叹于算法的力量，时至今日，AI 技术的水平已远超当年，算法也早已根植于我们日常生活中的各个角落，只要我们打开手机，算法就会为我们推荐新闻、筛选娱乐内容，甚至帮我们决定今天该买什么东西。我们的每一项日常选择，都在被一个个无形的计算模型悄然预判。只需一划、一点，答案就能呈现在我们的眼前，AI 算法只需几秒就能为我们提供所谓的"最优解"。

著名外交家、美国前国务卿亨利·基辛格（Henry Kissinger）在他的著作《人工智能时代与人类未来》中提到，我们或许正在走向一个"复魅"的世界——在这个世界中，AI 提供的"完美建议"逐渐取代了人类的独立思考，成为无可置疑的"神谕"，人们对这些建议也不再质疑或反思，而是无条件地接受，最终沦为被动的执行者。这一场景尽管看似魔幻，却正逐渐成为可能。

AI 正变得比人类更会"思考"

2024 年 9 月，OpenAI 发布了全球首款具备高级推理能力的大语言模型 OpenAI o1，标志着 AI 领域进入了一个全新的纪元。与之前的大语言模型相比，OpenAI o1 最显著的特点在于，它在回答问题前，会先进行类似人类的"沉思"，在其内部生成一条详细的"思维链"（Chain of Thought）。这个过程是在模拟人类处理复杂问题时的逐步推理，模仿我们深度思考的方式。

在科学推理测试中，OpenAI o1 的表现令人瞩目，特别是在物理学、化学、生物学等专业领域的表现尤为突出。在博士级别的逻辑与推理能力测试 GPQA Diamond[①] 中，人类专家的平均回答准确率是 69.7%，OpenAI o1 则达到了 78%。这一结果不仅展

---

① 由纽约大学等机构的研究团队联合开发，旨在通过高难度、高专业性的问题辨别顶尖模型的真实能力。

示了 AI 在思考和推理能力上的巨大突破，也证明了 AI 在某些领域已开始挑战甚至超越人类专家的表现。

可以试想一下，如果 AI 继续不断精进，将会发生什么？ AI 超越人类智能或许只是时间的问题，人类的大脑无意识地被算法支配却是正在发生的现实。

算法让大脑越来越懒惰

短视频时代，我们每时每刻都在被算法推荐的各种信息流包围。全球用户在短视频平台上的日均使用时长已超过 5 小时。我们白天为生计忙碌，回家后已是疲惫不堪，却仍沉迷于短视频、游戏和综艺，追求多巴胺带来的快感。这些快消式内容以短暂的感官刺激为主，却极少提供深度的价值思考机会。高度同质化的内容让我们逐渐陷入信息茧房，被困在封闭的认知循环中。

算法的瞬时反馈不仅让我们沉迷于短暂的快感，也削弱了我们深度思考的能力。在这样的快节奏信息消费模式下，我们的大脑正变得越来越懒惰。大脑习惯了以最少的认知负荷去应对大量的碎片信息，逐渐依赖外部刺激而非主动思考。

许多人现在只要一思考就感到"脑袋要爆炸"，这并非因为缺乏思考能力，而是因为大脑长时间接收外部刺激与依赖算法带来的"思维过载"。这使得大脑在某种程度上开始抗拒思考，变得消极怠工。尽管我们希望改变这种现状，但每次尝试都无济于事。

大脑里的两套"思考系统"

　　大脑为何总想偷懒呢？诺贝尔经济学奖得主丹尼尔·卡尼曼（Daniel Kahneman）在《思考，快与慢》中指出，大脑由两种思维方式组成：系统 1（快思考）是无意识的、快速的、自动的，它依赖直觉做出判断。比如，当我们看见一张愤怒的脸时，几乎瞬间就能感知到对方的情绪，无须经过深思熟虑；系统 2（慢思考）则是有意识的、缓慢的、主动的，并且更具逻辑性，当我们面对复杂的数学题或重大决策时，系统 2 就会被激活，让我们通过深思熟虑和推理得出答案。

　　这两种思维方式在不同的情境下相互配合，帮助我们应对生活中的各类问题。面对简单、熟悉的问题时，系统 1（快思考）使我们迅速提供答案；当问题复杂、陌生时，系统 2（慢思考）则会帮助我们通过深度思考解决难题。

　　我们的大脑之所以想偷懒，是因为其背后隐藏着一套人类演化过程中形成的精密的自我保护机制。尽管大脑仅占人体体重的 2%，却要消耗体内超过 25% 的能量。使用系统 2 意味着更高的能量消耗，因为它是一种能量密集型的运作模式，要求我们必须投入大量的精力和注意力。每一个复杂的思维过程和认知冲突都会带来巨大的"能量开销"。因此，大脑出于自我保护的本能，会尽可能避免不必要的能量浪费。

在日常生活中，大脑在面对大量信息和复杂决策时，自动倾向于选择更容易、更省力的方式。使用"节能模式"的系统 1，让我们优先选择熟悉的路径，复用已有的知识和判断，省时又省力。所以，有时候大脑懒惰并不是我们的问题，而是出于自我保护的本能，以减少能量的浪费。但是，如果大脑一直处于节能模式，就会影响我们深度思考的能力。

创造力源于深度思考

我们要有意识地训练大脑里的系统 2，以提高深度思考的能力。深度思考是人类解决未知问题时的关键，也是保持独特性和激发创造力的核心。深度思考不仅是对事物本质的探索，更是一种"创造"。思考能够使我们从无到有，将无形的念头化为无限的可能。

在日常生活中，我们常常将"创造"误认为是某种看得见、摸得着的外在成果——一幅画、一篇文章、一项发明，或是一场成功的演讲等。实际上，创造的本质并不在于这些外在的物质形态，而在于那些看不见的思考过程。创造力真正的源头，正是我们内在的深度思考。

很多世人眼中的"天才时刻"，其实并非出于偶然的灵感。就像牛顿被苹果砸中后揭示万有引力的规律，阿基米德在浴缸里发现了浮力的秘密，瓦特从水壶的蒸汽中点燃工业革命的火花等，这些看似霎时的捕获与瞬间的领悟，其实经历了无数次混沌摸索中的追问与黑夜中独自思考的漫长等待，是"静待花开终有时"，是厚积薄发后的自然显现，然后方知"此花不在心外"。这种创造，恰是思考最深邃的回声。

自我领导，保持深度思考

AI 发展得越快，我们就越需要捍卫和主动强化自己的深度思考能力。在未来的世界中，唯有坚持深度思考，才能确保我们不被技术裹挟，依然拥有掌控自身命运的能力。

通过自我领导保持深度思考，不仅能够使我们清晰地理解自身的目标和动机，还能激发我们源自内在的创造力。自我领导促使我们在面对外部挑战时，不断反思和调整自己的思维方式，使得我们能够从更深层次洞察问题，突破惯性思维，从而发现新的解决方案和创意。深度思考是创造力的源泉，自我领导则是维持思考深度的关键。

大家可以试试以下几种保持深度思考的方法。

1."清空"大脑，深度思考依赖专注力的守护

有意识地做"信息减法"，重新找回专注力。有时，我们会觉得大脑就像一台过载的电脑，运转缓慢，难以应对复杂的任务。有这种卡顿感并不是因为我们的思维能力下降，而是因为大脑被海量的信息流湮没了。

如同电脑在后台程序占用过多内存时会死机一样，我们的大脑也会在信息过载时陷入混乱。为了提升思考能力，我们必须减少无效信息的输入，腾出思考的空间。我们可以每天给自己设定"无信息"时段，关掉一切推送和通知，专注于深入思考一些具体的问题。当我们减少信息的干扰，专注于手头的问题时，就会发现自己的思维开始变得清晰。深度思考并不需要大脑时刻高速运转，而是需要我们从容地、有步骤地进入思考的状态。只有在信息的"寂静"中，我们的大脑才能够真正回归到它应有的节奏。

2. 剥开现象看本质，学会提问"为什么"

练习深度思考的一个有效方法是不断地问"为什么"。这一过程可以借助"5W1H"工具——是什么（what）、何时（when）、在哪里（where）、谁（who）、为什么（why）、如何（how）——帮助我们质疑那些看似理所当然的事情，并以此为基础，深入梳理事物背后的因果链条，直到找到那个最根本的原因。

5W1H工具的运用是从全面到聚焦、从表面到深入的过程。在思考的过程中，我们首先要明确问题的背景和关键要素（what、when、where、who），然后通过不断追问原因（why）找到问题的根本逻辑，最后根据分析结果设计具体的解决方案（how）（见表3-1）。这个过程就像剥洋葱，要一层一层地剥开问题。这样的深度追问能让我们从表面的问题中抽离，触及核心问题，而非仅仅满足于表面的修修补补。

表 3-1 "5W1H"工具

维度	关键问题	具体步骤
是什么 （what）	界定问题的 具体内容	·问自己：具体是什么问题在发生？ ·识别这个问题的核心特征，如表现形式、相关数据或直接后果。 ·定义问题的边界：问题的影响范围在哪里开始，在哪里结束？
何时 （when）	确定问题发 生的时间	·问自己：问题是什么时候开始的？ ·找到问题发生的时间线——它是突然出现的还是逐渐积累的？ ·识别时间相关性：某些事件或条件是否触发了问题？
在哪里 （where）	定位问题的 发生地点或 场景	·问自己：问题主要在哪个场景或环境中发生？ ·考虑场景对问题的影响：环境、资源或情境因素是否起到作用？ ·明确问题发生的主要场所和次要场所。
谁 （who）	明确相关人 员或主体	·问自己：谁是问题的直接相关者？ ·确定问题的责任方与受影响方：这些人分别在问题中扮演什么角色？ ·考虑这些人的行为或决策如何影响问题的发展。 ·创建利益相关者矩阵，将人群分类为直接相关者、间接相关者和受影响方。
为什么 （why）	明确问题的 根本原因	·问自己：为什么会出现这个问题？ ·如果得到了初步答案，再追问：这个原因背后的原因又是什么？ ·继续层层深挖，直至找到最核心的驱动因素。
如何 （how）	探索解决 方案	·问自己：如何解决这个问题？ ·将方案分解成多个步骤，确保每一步都可执行。 ·对解决方案进行优先级排序，聚焦最有效的行动。 ·使用方案对比表，评估每种方案的可行性、成本和潜在影响。

我们需要有意识地跳出浅层思维模式，摆脱对简单刺激的依赖。例如，可以每天抽出时间阅读那些能引发深思的内容，而非急于寻找现成的答案；让自己重新习惯"用脑"的感觉，哪怕开始时会感觉迟钝和卡顿。毕竟深度思考和肌肉训练有类似之处，都是通过不断练习得以恢复和增强的。

3. 打破思维定式，迭代心智模式

心智模式是我们用以解读世界的思维框架，它通常表现为每个人的思维定式。这里的思维定式并非贬义词，而是指我们行事时所依赖的习惯路径。积极的心智模式能够帮助我们发现机会、看到转机；消极的心智模式则可能让我们陷入无力感，仿佛一直在与现实的落差对抗。

我们如何思考，便如何创造。每一个看似困顿的情境，都是思考和创造的起点。我们要在不确定中寻找方向，利用纷杂的信息拼凑出一幅完整的蓝图。接下来，我们会进一步探讨如何有效迭代心智模式，为创造力的提升提供坚实的基础。

第二节

迭代你的心智模式，与 AI 共智

夜幕低垂，当你仰望星空时，广袤的苍穹映入眼帘，繁星点点在你的眼中闪烁。那是亿万年前恒星的微光，跨越时空而至，让人深感自身渺小。宇宙的无垠似乎超越了我们的想象，无论多么宏大的思绪，似乎都无法触及它的尽头。苏轼曾感叹"渺沧海之一粟，哀吾生之须臾"，面对浩瀚的宇宙，这种渺小感几乎难以抗拒，它让我们意识到自己的微不足道。可是，也正是在这样的时刻，人们总会开始思考一些什么。

开普勒仰望夜空，发现了行星运行的奥秘，改变了人类对宇宙的理解；康德仰望夜空，体悟心中的道德法则，开启了全新的哲学维度；帕斯卡尔在夜空下感叹"宇宙因空间吞没了我，而我因思想囊括了整个宇宙"。我们的心智，恰如一片广袤的宇宙，它的范围会随着我们思维的扩展而不断延展。

心智大小，决定了你看到的世界大小

心智模式是我们用来理解和认识这个世界的思维框架，它决定了我们认知的广度与深度，从而决定了我们看到的世界是什么样子。广度源于见识的积累和对多个领域的接触，见得越多，心智世界越开阔，我们越能包容不同的观点，发现更多的可能性。深度则是指对某一领域的深入钻研，它不仅依赖专业的知识和理解力，更需要长久的探索与实践。认知的深度决定了我们在某个领域能走得多远，能理解得多深。

心智包含了我们全部的精神活动，包括情感、思维、感觉等。每个人都具有不一样的心智模式，这意味着虽然我们都生活在同一个世界，但对世界的理解因人而异。这些不同的理解方式影响了我们的行动。管理学大师彼得·圣吉认为，心智模式深植于我们的心灵，决定了我们对世界的看法。

心智模式并非静止不变，就像 AI 需要通过迭代模型和不断地训练提升智能，我们的心智也需要定期"更新"。如果不主动迭代和调整，那么心智便会逐渐变得狭隘，甚至陷入僵化。

你的心智停留在几岁

我们常常以为，随着时间的流逝，心智也会像身体一样自然成长。然而，事实却不尽然。生理上的成熟并不意味着心智会同步成长，它可能会停留在某个时刻。心理学家让·皮亚杰（Jean

Piaget）曾提出观点：心智不是自动随着年龄的增长而发展的，心智的发展是通过个人对世界的探索和内部认知的不断调整实现的。根据皮亚杰的理论，如果一个人的某个心智发展任务未能完成，那么这一阶段的问题可能会伴随他的一生，并限制他的心智的进一步成长。我们总是觉得自己在变得成熟，但一些重复的问题就是会在某个特定的时刻再次出现。

我经常看到有网友说很怀念高中时期，觉得那是人生中最丰盈的一段时光，那时自己的智识达到巅峰，上知天文，下知地理，对人生和世界都有着独特的见解。

为什么那时的我们如此鲜活？因为那时的我们对世界充满好奇，思维敏捷，时刻反问与探索，没有什么是不能想象的。如今，随着年龄的增长，成人的世界更注重安全感，我们的心智逐渐进入"托管"模式，思维被固化，慢慢地丧失了更新的动力。

在今天，静下心来的时候，你可以问问自己："我的心智，是否还在成长？"

从学生时代开始，我们就被灌输了"只有标准答案"的思维模式。比如，当老师在课堂上提出问题时，如果我们给出的答案偏离了标准，即使有逻辑支持，往往也会被视为错误的。这种经历反复出现，最终导致我们的思维变得单一且封闭。然而，现实中的问题往往没有标准答案，无论是在职场还是在生活中，许多问题都需要我们从无到有地创造出解决方案。

对我们而言，在固定的心智模式下思考和行事都是寻常得不能再寻常的事情，以至于我们在大多数情况下都不会意识到自己心智模式的存在，因为它的运作就是在我们无意识的状态下进行的。我们习惯接受而不是质疑和挑战，更没有留意过在我们思考和与外界交互的系统中，它又真的起到了多么重要的作用。

只有在某些特定时刻，某些人提出某些让我们觉得难以回答的问题时，我们才会认真地思考。但是，我们一旦陷入思考，就可能产生更多的困惑，比如什么是思考，它是如何发展出来的，人为什么可以听懂别人现在问自己的问题等。正如英国人类学家格雷戈里·贝特森（Gregory Bateson）所言："我们就像是由完全透明的材质构成的，平时几乎难以觉察其存在；唯有当这个透明体发生破裂时，我们才注意到上面的裂缝与断面。"

那么，我们该如何觉察自己的心智是否停滞不前呢？为了更清晰地识别这些"裂缝"，我们可以通过以下几个问题来感知自己心智的成长状态。

- 最近是否学习了新的知识或技能？
- 是否感到对某些问题持有固定的、不可改变的看法？
- 在日常生活中，是否感到自己对变化或挑战产生了抗拒心理？
- 是否有过自我突破的经历？上一次是什么时候？
- 是否经常感到自己的思考停滞或重复？

注意事项

- 具体情境化：在回答问题时，想想最近 3 个月的具体情境，避免笼统地判断。
- 保持诚实与温和：心智成长停滞并不可怕，重要的是意识到它并愿意改变。
- 动态观察：心智成长是动态的，我们可以定期观察自己的状态。

通过思考这些问题，我们可以更直观地感知自己的心智状态。

培养成长型思维

心智成长的停滞，往往源自一种"固定型思维"。美国斯坦福大学心理学教授卡罗尔·德韦克（Carol Dweck）在她的经典著作《终身成长：重新定义成功的思维模式》中提出了这一概念。拥有固定型思维的人认为，人的能力、才智和潜力是先天决定的，后天无法改变。这种思维模式让我们习惯于用固有的认知框架去理解一切，而不愿意接受新的视角或尝试突破旧有的局限。比如，当面对一个复杂的问题时，拥有固定型思维的人就会下意识地对自己说"我不是做这方面的料""这件事我就是做不到""反正改变不了，那就这样吧"……

与之相对的是成长型思维，这一概念同样来自卡罗尔·德韦克的研究。成长型思维为心智成长提供了一种可能的路径。拥有成长型思维的人认为，人的才智和能力是可以通过努力提高的，只要努力就能变得更好。这并非什么"精神胜利法"，相信自己的心智是可以成长的才是心智成长的第一步，因为我们一定不会坚持做连我们自己都不相信的事情。

打开心智，去看更大的世界

有人将生命局限于狭隘的自我框架与无效的比较中，有人把生命尽放于远山沧海与广阔天地间。总裁教练珍妮弗·加维·贝格（Jennifer Garvey Berger）在其著作《领导者的意识进化：迈向复杂世界的心智成长》一书中曾提到，自我复杂度和外界环境复杂度的契合程度与自我突破密不可分。我们要在更加广阔的世界中，更新自己的"思考路线图"，逐步迭代我们的心智。

"读万卷书，行万里路"向来是中国古人追求智慧的方式。与通过典籍汲取前人智慧的"读万卷书"相比，"行万里路"更注重亲身实践，即在自然与社会中体察万物，感悟人生。说起"行万里路"，就不得不提到苏轼。他自少年出川，伴随着升迁、调任、贬谪，走遍了祖国的大江南北。他一生行迹，西起眉山，东至杭州，北抵定州，南达海南，走蜀道，过三峡，翻南岭，渡海峡，可以说真正做到了"行万里路"。他在赤鼻矶，写下"大江东去，浪淘尽，千古风流人物"；在杭州的西湖边，赞叹"欲把西湖比西子，淡妆浓抹总相宜"；在岭南，道出"日啖荔枝三百颗，不辞长作岭南人"……

"问汝平生功业，黄州惠州儋州。"这是苏轼对自己一生的回望。正因为他阅尽了山川河湖、人情风貌，甚至一草一木，才成了我们今天所认识的东坡先生。

部分现代文献将"读万卷书，行万里路"的后半句扩充为"胸中脱去尘浊，自然丘壑内营，立成郛鄂"。看世界，会让我们更直观地发现自己思维的局限。我也曾走过近 20 个国家，最深的感受是，看世界的意义不应只是观赏风景或让此经历成为我们与他人的谈资，而是跨越边界，接纳不同的文化与思维。我们对这个世界，了解得实在太少。每个人都应走出自己的"小世界"，在更广阔的天地中探索——那些遥远而陌生的城市，有太多值得我们发现和学习的地方。

保持内省，持续改善心智

内省，是我们内在成长的一面镜子。曾子言："吾日三省吾身。"他通过每日三问审视自己的行为是否与认知一致，进而不断修正自己，使得心智与行动保持同步。我们也可以通过类似的方式进行自我审视，每天自问：

- 今天的思维是否延续了旧有的模式？
- 是否对外界的信息有足够的开放度？
- 是否在实际行动中践行了新的认知？

另外，"具象化的提醒"也是一个有效的自省方法，即借助外在的具象化物体提醒自己自省。越王勾践卧薪尝胆的故事就是一个很经典的例子。越王勾践战败后以柴草卧铺，并经常舔尝苦胆，时时提醒自己不忘所受苦难，提醒自己牢记复仇大业。"卧薪尝胆"这个具体的场景就是他用来自省的重要工具。我们可以借鉴这一思路，将某些具有象征意义的物件或场景融入日常生活，时刻提醒自己保持反思与成长。在生活中，我们可以为自己设置一个"心智图像"——一张照片、一个具有象征意义的物品——作为心智迭代的触发点。比如，在桌上摆放一张"远行"的照片，可以提醒自己要不断突破自我，避免停留在舒适区等。

用多模型思维打破思维定式

投资家查理·芒格（Charlie Munger）曾多次表达，一个智慧的人，需要有很多不同的思维模型。他把思维比作一个工具箱，里面装满了来自各个领域的模型，每个模型都有独特的功能。当我们仅依赖单一的模型去思考问题时，就像手中只有一把锤子，所有问题都会被看作钉子。多模型思维的意义在于，我们不再受限于某种单一的视角，而是能够调动多样化的认知工具，从各个维度解构和重组世界，创造出新的可能性。多模型思维所倡导的是一种更为自由的思考方式，让我们不再拘泥于某个学科的框架，而是跨越边界，去用各类思维模型看待和解析问题。改变心智模式并不容易，因为我们看不见它，所以我们只能通过不断训练多模型思维迭代它。当我们掌握多模型思维的思考方式时，就可以像爬梯子一样，进入更高维的思考层次，激发更多的创造灵感。要做到这一点，我们还需要将我们的经验，无论是亲身经历的还是从他人身上学习到的，都放到构成这些模型的网格上进行分析和再利用。好的心智模式能为我们提供源源不断的养分，让思考的种子扎根、生长，最终开出创造的花朵。

在这个过程中，我们还可以让 AI 作为我们的"外脑"，调取不同的思维模型，协助我们突破认知的局限。我们需要进一步思考的是，如何更有效地与 AI 进行交互，这不仅仅关乎技术层面的挑战，更关乎我们如何在思维层面上与 AI 协作。下一节我们会详细聊一下与 AI 协作时人类所需的"AI 商"，以及它在心智迭代中的关键作用。

第三节

AI 商：从 IQ、EQ 到 AIQ

年初，我到上海出差，约了一位许久未见的老朋友周末小聚，可是到周五时，朋友突然发来消息说她要加班，公司外请了一位"提问专家"，通知全员周末必须参加关于"提示词工程"的培训。

说实话，虽然我早就了解到有类似的知识付费课程，但如果不是身边的人亲自参加，我还真没想到这些课程会在培训圈掀起风潮，让人们牺牲本该放松的周末，去学习这样一门"课程"。然而，事实是，越来越多的人正热情地涌入这些 AI 培训班。掌握提示词编写的能力似乎已经成了 AI 时代的必备技能，无论是用 AI 进行广告文案的撰写还是客户方案的优化，都与提示词有着密切的关联。大家也都在暗暗较劲，生怕被这股新潮流甩在身后。

AI 时代，"问题"比"答案"更重要。人们已经意识到，与

AI打交道需要新的技能和方法。然而，"提示词工程"的关键不仅关乎文字技巧或技术手段，更重要的是我们与机器协作的思维方式。"提示词工程"背后的核心在于我们如何构建问题、提炼信息、捕捉重点——我们如何思考。

"问答"是现阶段我们和AI最主要的交互方式，但随着AI技术，尤其是机器人技术的进一步成熟，未来人机交互的方式可能会超越我们的想象。

从人机协作到人机社交

事实上，我们从未与像AI这样的存在打过交道。它智力超群，却并非人类；它暂时不会受到人类伦理的约束，也不必遵循人类的道德规范。这些本质上的差异迫使我们重新定义人类与技术的关系，并调整对AI的期待和与AI的互动方式。

这一转变带来的影响是深远的。过去，人类的主要互动对象是彼此，我们只需要考虑如何与人打交道。我们的社会系统、组织结构乃至领导行为，都是围绕人与人之间的交互形成的。人与人之间有共通的语言、情感和道德观。领导行为往往依赖于对人性的理解和同理心。而现在，情况发生了根本性变化。我们不仅需要领导自我，还要面对全新的任务——领导AI。

我们需要学会与这些智能体合作，与它们建立信任和高效的协作关系。这种领导不只是技术层面的掌控，还涉及理解AI的工作原理、预测其行为可能性以及规避潜在的风险。从人机协作到人机社交的演进，要求我们在适应数字化变革的同时，也要发展新的情感智慧。

人机社会的数字情感智慧

人类过去依赖智商（intelligence quotient，IQ）解决问题，依靠情商（emotional quotient，EQ）处理复杂的人际关系和情绪。然而，在与 AI 的协作中，传统的方法不再适用。AI 有时并不会按照我们的期望调整行为，它只遵循代码、算法和指令行事，我们无法用与人类互动的方式与 AI 互动，所以，我们需要一种全新的能力，一种涵盖认知、判断和创造的综合情感智慧——"AI 商"（artificial intelligence quotient，AIQ），它能够让我们有效地引导和管理 AI。

为了便于理解，我为 AI 商下了一个宽泛的定义：AI 商，即在 AI 时代，个体处理、理解和利用数字信息、数据、技术工具以及与人工智能交互的认知水平。它不仅涵盖对技术的掌握，也包括在复杂的数字环境中进行判断、决策和创造的智慧。AI 商不仅关乎技术工具的运用，它还是在 AI 世界为我们导航的指南针。

传统上，智商被视为衡量一个人智力水平的主要标准，主要体现的是我们的逻辑思维能力。随着社会的复杂性增加，人们逐渐意识到，单靠高智商并不能使一个人成功。在人际社会中，情商也非常重要，它反映了我们在情绪管理、同理心和经营人际关系等方面的综合水平，更关乎"我如何与他人交互"。情商让我们在复杂的人际关系中保持敏锐和智慧。

现在，我们不仅需要理解世界和人类的情感，还要了解从情绪觉察到数据洞察的转化过程，尤其是在与 AI 互动时。AI 能够轻松分析我们每天产生的大量数据，自动化系统逐渐取代了许多传统的工作岗位，很多行业的工作方式也正在被改变。在这种复杂的环境中，单靠智商的逻辑思维或情商的情感调节，往往难以应对。

拥有高 AI 商的人，能够在与 AI 和数字工具的互动中，找到自己独特的价值定位，并不断迭代自己的思维和行为模式。AI 商是每个超级个体的"自我修养"，也是我们理解并领导 AI 的关键。AI 商的高低决定了一个人能否在 AI 时代生存与发展。拥有高 AI 商的人，能够巧妙地利用 AI 完成任务，将其作为自我能力的延伸，并引导 AI 朝有利于自己的方向发展。那些缺乏 AI 商的人，在面对 AI 和技术时往往感到迷茫，无法充分利用这些工具，甚至将它们视为负担和威胁。这种差距可能会决定未来个体在社会中的角色和发展轨迹。

如何培养 AI 商

既然 AI 商如此重要，那么我们应该如何培养和提升它呢？

接下来，我就和大家分享几个我认为的比较关键的方向。

1. 提高数据素养和技术敏感度

数据素养是指理解和分析数据的能力，能帮助我们从海量数据中提炼出有价值的信息，为决策提供有力支持。对拥有高 AI 商的人来说，数据不仅仅是冰冷的数字和符号，它蕴含着趋势、规律，甚至隐藏着潜在的机会。通过深入分析数据背后的原因和预测未来趋势，他们可以拥有更多的战略性洞察。这种素养不仅要求我们关注数据揭示的"是什么"，更要思考"为什么"，并进一步预测"接下来可能会发生什么"。

建立"理性－经验"双轨并行的思维模式，是领导者从"经验式决策"向"数据驱动决策"转变的重要一步。通过对数据的理性分析，我们不仅可以减少决策中的不确定性，还能更敏锐地捕捉到潜在的风险与机会。例如，在复杂的市场竞争环境中，基于传统经验或许无法应对突如其来的变化，而基于数据的分析则能够帮助领导者及早发现潜在风险，优化资源配置，发掘新的商业机遇。

与数据素养相辅相成的是技术敏感度，即对新兴技术的敏锐感知与灵活应用。时刻关注科技的发展动态，快速理解并运用最新的技术工具，能够为个体在未来发展中提供独特的竞争优势。

2. 强化批判性思维，警惕"AI 作恶"

2019 年斯里兰卡连环恐怖袭击事件发生后，社交平台通过算法自动推送虚假新闻和极端言论，导致现实中的一部分人针对穆斯林群体的暴力事件发生。AI 算法根据用户互动习惯推送更多煽动性内容，无意中加剧了社会对立与恐慌。

AI 技术的强大不容小觑，但我们不能完全相信其推荐或结论，尤其是在涉及复杂的社会问题时。2024 年诺贝尔物理学奖得主、人工智能教父杰弗里·辛顿（Geoffrey Hinton）认为，AI 发展至今已出现了很多不确定和不可控的方面。他一直强调让 AI 的目标与我们的目标保持一致是非常重要的事情。我们传递了什么，AI 便吸收什么。这有点像山谷的回声，你对着山谷喊"你好"，回荡在你耳边的也是"你好"。

AI 在训练过程中接收了人类的所有信息，包括负面的价值观和历史经验。因此，我们必须主动承担起对 AI 的领导责任，确保它接收的是正面的、具有建设性的价值观信息，避免它成为扩散仇恨或错误信息的工具。OpenAI 前首席科学家伊尔亚·苏茨克维（Ilya Sutskever）就提出了一种"超级对齐"（super-alignment）观点，核心是不仅要确保通用人工智能系统按照人类的价值观和目标行事，对齐人类的"爱"，同时还必须保持"诚实"。

研究表明，大语言模型有时会给出不准确的内容，甚至在某些情况下胡诌一通。我们必须在日常生活中培养批判性思维，不盲目相信算法或平台推送的内容。奇安信集团发布的《2024 人工智能安全报告》显示，2023 年，基于 AI 的深度伪造欺诈暴增

3000%，基于 AI 的钓鱼邮件增长 1000%。世界经济论坛发布的《2024 年全球风险报告》也提醒我们，AI 驱动的错误信息和虚假信息是全球经济面临的最大风险。不轻信第一眼看到的信息，多查证信息来源，才是应对虚假信息和信息不对称的最佳方式。批判性思维并不是让我们怀疑一切，而是帮助我们更理性、更全面地看待问题，这也是我们与 AI 交互的基础。

3. 建立数字安全意识

计算机科学家斯图尔特·罗素（Stuart Russell）在《AI 新生：破解人机共存密码——人类最后一个大问题》中提出，人类需要管理自己的数据。我们每天和 AI 的互动就像是一场无形的博弈，在这个过程中，我们既在利用它的便捷，也在让渡自己的数据——我们的隐私、偏好、习惯等。因此，设定自己的数字边界，是我们在人机交互中的一项重要技能。

我们在享受数字生活便利的同时，也在面临前所未有的安全挑战。大数据泄露、深度伪造、网络攻击……这些听起来就像科幻电影中的情节，却正在真实地发生。一个简单的密码被破解，可能导致你所有的数字资产、隐私信息暴露在黑客面前。更可怕的是，技术的发展让这些攻击手段越来越复杂，我们普通用户可能甚至没有察觉到潜在的威胁。

曾几何时，我们认为隐私是"关起门来"就能保护住的东西，但今天，隐私已不再局限于物理空间，而是被数字足迹无形地扩展和暴露。每一次点击、每一条搜索、每一次与 AI 对话，我们都在贡献自己的数据。数据公司可能比我们自己还了解我们，它们通过复杂的算法，能预测我们的购物偏好、情感状态，甚至未来的选择。这并不是要制造恐慌，而是要提醒大家：在数字世界里，自我领导就是要意识到自己透明化的程度，并主动采取措施保护自己的数据。

数字安全隐患也并非一夜之间出现的。2017 年，美国三大征信机构之一的艾奎法克斯（Equifax）的一次数据泄露，导致 1.47 亿美国人的社会安全号码、驾照、地址等敏感信息被窃取；2018 年，脸书（Facebook）因剑桥分析公司未经许可获取 8700 万用户信息用于政治目的，让用户的社交网络数据暴露在公众和黑客面前；更令人震惊的是 2021 年的领英（LinkedIn）泄露事件，7 亿用户的信息被公布，几乎占其总用户量的 92%，这些数据包含了足以用于网络钓鱼和欺诈的个人资料。

建立数字安全意识并采取行动是必要的。我们可以从最基本的步骤开始：设定复杂的密码、启用双重验证、加密敏感文件、定期备份数据、及时更新软件补丁、谨慎处理陌生链接和附件等。这些看似简单的防御措施，实际上是应对潜在威胁的第一道防线，能大大降低被攻击的风险。

与此同时，我们也不能仅仅停留在防御层面，对数字资产的保护也同样重要。数字资产包括我们的个人数据、数字身份以及在网络上积累的各种资源。管理和保护这些资产要求我们对数据有更高的掌控力。例如，了解数据的去向、设定数据使用的边界、了解我们所使用的平台的数据政策、使用加密技术、慎重对待每一个"同意"的选择，甚至在某些情况下主动限制 AI 对数据的访问权限。

与 AI 共生

近一年来，在使用 AI 的过程中，我常常在思考，如何既能保持自身的特性，又能与它借力融合呢？随着科技的进步，我们越来越意识到生命中充满了"数据处理"的痕迹：细胞通过基因表达执行特定功能，神经网络通过电信号处理信息，甚至我们的每一个想法、决策和行动，都是对大量信息收集、分析和输出的结果。从生物学的角度看，生命似乎是一个庞大的"生物计算机"，精妙而复杂。即便如此，也并不意味着生命活动仅仅只是机械的数据处理。生命活动中的算法不同于机器计算，它融合了情感、意识、体验和个体的独特性等无法量化的要素，每个人的思考方式、感受和选择都是独一无二的。生命活动的算法拥有复杂的适应性和随机性，它不仅仅是对数据的简单处理，而是与环境和内心的不断互动、反思与再创造。

微软创始人比尔·盖茨说过一句话："我们总是高估技术在未来两年内的变化，却低估它在未来十年后带来的变革。"从一开始，我们就好像站在时光的河岸，看着智能的浪潮逐渐靠近，直到它席卷而来，彻底改变了我们与机器、与自我，甚至与世界的关系。1956 年的夏天，有几位顶尖的科学家在达特茅斯学院召开会议，提出了一个大胆的假设——机器也可以像人类一样思考。这场会议提出了"人工智能"的概念，点燃了这个领域的星星之火。那时，AI 还只是一个理想，但关于人与机器的故事已开始徐徐铺陈。

我们看着 AI 成长，看着它从工具变成我们日常生活中的陪伴者。我们与机器之间的互动已经超越了单向的使用关系，进入了双向反馈的循环。AI 依赖人类输入的数据进行自我训练，而我们依赖 AI 输出的结果优化决策。

人与 AI 之间的关系究竟是什么呢？我想一定绕不开"领导""亲密""合作"这三个关键词。AI 可以通过无数的数据进行自我优化，而人类在这个过程中，也逐渐意识到自己必须不断提升。我们不是在与 AI 竞争，而是与其共同进化。但是，我们不能因为关系亲密而掉以轻心，不能因为使用便利而忽视潜在的风险。亲密关系的本质并非毫无保留地信任，而是彼此在合作中保持一定的边界与警觉。正如人与人之间的关系，我们需要相互依赖，但也要有保护自己的能力。

这，也许才是人类在 AI 时代的真正胜利。

第四章

行动即破局：
自我领导的变革实践

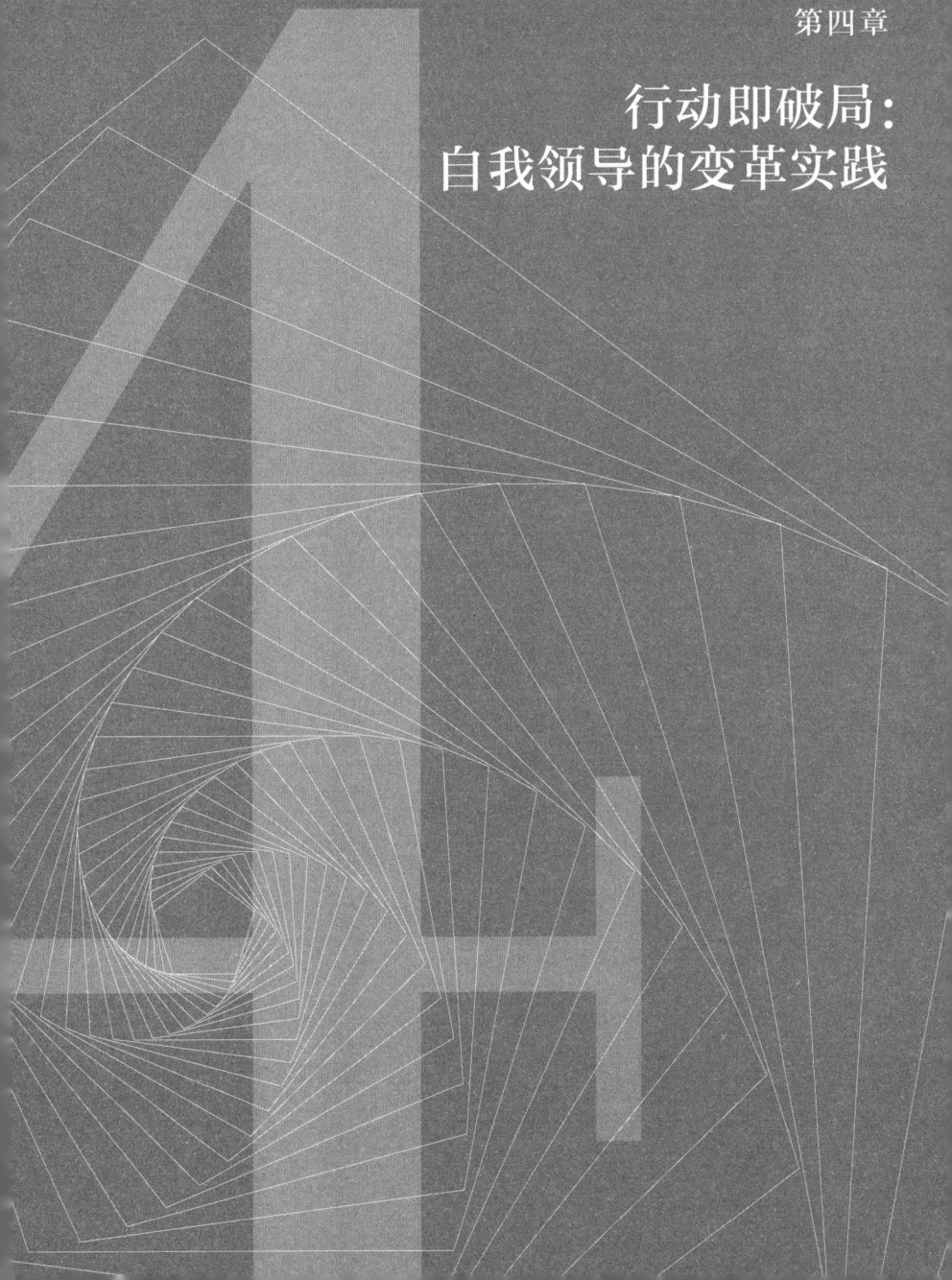

第一节

主动变革，打破"惯性生活"

"你在躲避什么？你在挽留什么？你想取悦谁呢？你曾经下跪，这冷漠的世界，何曾将你善待……"

朴树在 *No Fear in My Heart*（《无所畏惧》）中的歌词触动了无数人的心弦。这首歌距离他发行上一张专辑《生如夏花》已有13 年之久，原本定名为 *The Fear in My Heart*（《心中的恐惧》），但最终被他改为 *No Fear in My Heart*，成为电影《冈仁波齐》的主题曲。

从"恐惧"到"无畏"，不仅是歌名的转变，更是朴树内心的蜕变。13 年的沉寂，仿佛是一场从内心挣扎走向无畏的朝圣之旅——这不仅仅是他自己的故事，也是每个人在人生道路上必须经历的成长。

回想这首歌在电影的片尾响起时的画面，一行朝圣者在白茫茫的雪地里平静地磕着长头，继续前行，每一步都是对未知的坚定回应。而每个人，在面对人生中的挑战与恐惧时，也同样需要行动的勇气，去踏上属于自己的"朝圣之路"。

你生活在"惯性"里吗

提起"惯性"，我们或许首先想到的是物理学中的概念——物体抵抗其运动状态被改变的现象。惯性是一切物体的固有属性，但它不仅仅存在于物理学中，我们的思维和行为同样会被惯性左右，如果没有外力去打破它，我们的行为就会不知不觉地趋于模式化，以至于我们自己往往都意识不到。

这种惯性在日常生活中表现为一种无意识的循环。面对工作，我们或许早已习惯了每天机械地应对邮件和会议，处理同样的琐事，却对职业发展的未来愈加迷茫；面对生活中的关系，我们和伴侣、朋友的对话渐渐流于形式，言不由衷的客套与沉默代替了曾经真诚的交流；那些曾经让我们热血沸腾的梦想，如今被琐事和压力一点点消磨殆尽。偶尔，我们的内心也会响起打破现状的呼声，渴望摆脱这种单调的循环，但惯性的力量让我们最终还是选择回到熟悉的轨道。生活就像是一台上了发条的巨大机器，每个齿轮都按部就班地运转，不偏不倚地沿着它们既定的轨道前行。

这种模式化的生活虽然看起来给我们提供了某种舒适感和安全感，却也在无形间把我们困在了原地。我们会发现，生活中的一些困境总是反复出现：我们可能会因为同样的原因与伴侣争吵；会在工作中一再遇到同样的问题；会在每一个裁员季感到惴惴不安……这根无形的"惯性发条"紧紧缠绕着我们的思想与行动，让我们难以挣脱，逐渐削弱了我们做出新选择的勇气，也让我们失去了改变现状的力量。

惯性生活等同于慢性自我放弃

当我们选择跟随生活的惯性时，实际上是在不知不觉中把人生的主动权悄然让出。你可能会反驳："我每天都在为工作打拼、为孩子付出、为家庭尽责，怎么能说是'自我放弃'呢？"实际上，这些忙碌的行为并不代表真正的掌控生活。因为这种生活更多是由外界的节奏和期待塑造的，而非遵循我们内心的意愿和选择。

惯性是一种温柔的陷阱，它不会粗暴地阻止我们前行，而是用温暖的、令人安心的方式让我们相信，留在原地是最安全的选择。惯性生活最隐蔽的一点在于，它会让我们觉得一切的重复都是理所当然的。它总是会暗示我们"别无选择"，让我们觉得生活的重复与单调是命运的安排，而不再去追问是否还有更好的选择，不再反思是否错过了某些机会。一旦我们开始对生活妥协，就不敢再去追求那些曾经让我们心跳加速的梦想，因为现实中似乎有太多我们无法辜负的责任。这些"无法辜负"的理由，又成了我们拒绝改变的最佳借口。

我们宁愿在熟悉的轨道上打转，因为那样至少不会出错。但是，惯性生活实际上等同于慢性自我放弃。很多时候，我们可能会觉得机械地重复生活是因为"生活本就如此"，实则是我们已被磨平了棱角。

惯性生活是对未知恐惧的逃避

恐惧是根植于人类本能的情感之一，提醒我们要谨慎行事，避免危险，因此我们很多的惯性反应都是在帮助自己避免危险，而惯性生活的本质就是对行动的恐惧与对失败的回避。我们企图用"自动化模式"来逃避风险，逃避问题，逃避一切不确定性。

我们习惯一种生活模式，就像是穿了一双磨合了很久的旧鞋，虽然鞋早已破旧不堪，但是至少穿起来不费劲儿。于是，我们选择继续待在熟悉的环境中，逃避那些未知的挑战和改变带来的不适感。

那么，恐惧是怎么被我们"养大"的呢？首先是"逃避"，我们选择逃避面对不安的情境；然后是"合理化"，我们为自己的退缩找到各种合理的借口；最后是"想象危险"，我们会想象出种种可能的危险，将恐惧不断放大，让它反过来再束缚我们的行动。

有的人但凡在工作中遇到新任务或挑战，就总是找各种借口回避，不愿意接受所有的陌生事物。几年后，当企业面临新业务发展或裁员压力时，这类人也就成了最先被放弃的对象。自动化模式下的省力选择，最终让这些人失去了持续成长与自我领导的机会。正如那句"命运赠送的礼物，早已暗中标记好价格"，惯性生活看似省力，实则要付出高昂的代价。

我们总是安慰自己和身边的人"时间会治愈一切"，但我想说，恐惧是不会随着时间的流逝而消失的。不想一直被恐惧笼罩的唯一办法就是勇敢地正视它、仔细地看清它，甚至去触摸它，最终才能超越它。

"我绝不能恐惧。恐惧是思维的杀手，是潜伏的小小死神，会彻底毁灭一个人。我要直面它，让它掠过我的心头，穿越我的身心。当这一切过去之后，我将睁开心灵深处的眼睛，审视它的轨迹。恐惧如风，风过无痕，唯有我依然屹立。"这段话在科幻小说家弗兰克·赫伯特（Frank Herbert）的《沙丘》中被反复提及。真正的成长与自我领导总是在恐惧的边缘发生。只有当我们鼓起勇气，敢于直面内心的恐惧，跨出那一步时，才会发现恐惧不过是一道纸糊的墙——看似坚固，却一触即溃。

行动是治愈恐惧的良药，即使结果未必完美，行动本身也会让我们重新掌控局面。所谓"行则将至"，当我们真正开始行动时，那些原本让我们感到畏惧的事物，顷刻间就会变得不再那么可怕。

走出惯性生活的舒适圈

我们从小就学过"井底之蛙"的寓言，但我们又何尝不是"井底之蛙"呢？我们的成长环境、教育背景、身边的人，构筑了我们眼中的世界。有人生来就在繁华都市，也有人生于乡野小镇，但相同的是，每个人都有一口自己的"井"——我们安于其中，天真地以为这就是全部。随着年龄的增长，我们又会深陷"温水煮青蛙"的困境。从初入职场的雄心壮志，到稳定后的安逸，最后陷入一成不变的状态，我们失去了跳跃的勇气，等到危机来临时，我们才发现自己被困得无法脱身。

终其半生，换来的不过一句"井蛙不可语海者，拘于虚也"。这句话出自《庄子·外篇》的《秋水》，意思是说，不能与井底的青蛙谈论海，因为它局限于狭小的空间。很多人，几乎一辈子都生活在一个地方，做一项工作，围着生活打转，凭借自己过往的经验处理所有的问题，困于自己熟悉的生活方式，把自己圈子之外的事物视为遥不可及的幻想。有时候，我们会认为自己身处的舒适圈很大，其实那不过是自我设限的虚幻空间。所谓的"安逸"，也并不是终点，而应是一次次跳出舒适圈的起点。

我们要做的就是让舒适圈逐渐覆盖更多的可能性，让"不安"逐渐转化为"自在"。

跳出舒适圈不是给自己没事找事，而是为了让自己看到从未看过的景色。一个作家说："走出舒适区的目的不是找罪受，

而是找到一个你之前从来不知道的更舒适的区域。"（见图 4-1）
我们所有的恐惧和不安，不过是自我设限的产物。行动本身就是
一种力量，它让我们从惯性中脱离，然后进入真正的变革和成长
的轨道，去追求更广阔的生命可能性。

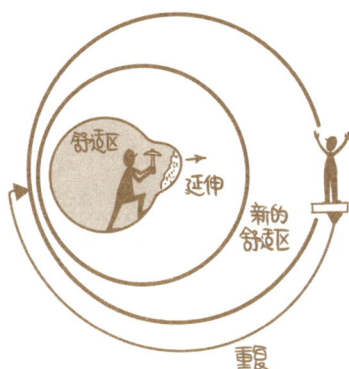

图 4-1　从舒适区到新的舒适区

　　如果我们想走出舒适圈，不必一开始就强迫自己去面对未知
的挑战，也不必一味地思考如何克服困难，首先我们要让自己意
识到世界的广阔。

　　从"被动活着"到"主动生活"其实只有一步，如同朴树在
No Fear in my heart 中所唱的那样："能不能，彻底地放开你的手，
敢不敢，这么义无反顾坠落……"当我们敢于迈出那一步时，我
们会发现，真正的舒适圈永远在我们以为的舒适圈之外。

第二节

置身事内，不做旁观者

不知道从什么时候开始，"世界就是个巨大的草台班子"这句话突然在网络上流行起来，成为不少人茶余饭后调侃时说的话。每当有荒诞的热点事件发生时，我们总能在评论区里看到有人或感慨、或戏谑地引用这句话。

为了搞清楚这句话为何能引发如此广泛的共鸣，我还特意去"考古"了一下这个梗的出处。有人说是出自罗翔之口，也有人说是一位网名叫"天青色的西风"的网友写的，甚至还有人戏称马斯克才是原作者，毕竟他已经"承包"了不少无人认领的网络名言。至于它的真正出处，我至今没能弄清楚。不过，可以确定的是，这句话提醒了人们：很多表面上看起来"高大上"的事情，其实没有我们想象中的那么难以接近。只要我们深入其中就会发现，所谓的"门槛"，并没有那么高。

但是，这样一句原本鼓励人勇于尝试和行动的话，渐渐变成了一句泛化的社会评论台词。许多人不再关心其背后的积极意义，而是用它来轻描淡写地解构一切。"草台班子"成了一个万用模板——看到某个创业公司倒闭时，有人马上跳出来说这是个草台班子；听说某位名人、政客曝出丑闻时，有人立刻评价道："世界果然就是个草台班子。"

这种现象背后，反映的是一种"看客思维"。当我们习惯于站在一旁冷眼旁观、随意评判时，实际上是在逃避一种深层次的参与感。看似精明的"旁观者清"，其实不过是与真实生活疏离。在这种思维中，我们成了生活的评论员，尽管很多人对"草台班子"不屑一顾，但他们自己却从未真正登上过所谓的"草台"，去面对属于自己的挑战。

不要做生活的观众

我们好像特别擅长做生活的观众——站在场外，随口点评，构想着自己的完美剧本；习惯了吐槽，习惯了看别人"演出"，习惯了分析别人的得失，在脑海中反复盘算着每一个可能出现的情况，却从未走到台前、从不真正下场。实际上，成人的世界里，最不需要的就是"伪行动"，那是一种看似在行动的幻象——假装准备着，借口计划着，却不展开真正的行动。

我们可能以为，是生活的不确定性在阻挡我们迈出那一步，实际上打败我们的，往往是"再等等"和每一个"明日复明日"

的念头，这些念头让我们始终止步于"想"。

关于行动的真相是，永远不会有一个让你觉得万事俱备、可以行动的"最佳时刻"，但每一个时刻恰恰都是最佳的行动时刻。就像凯文·凯利（Kevin Kelly）所说："99% 的成功只是在场而已。"当你又想站在场外点评时，不妨提醒自己："先从观众席中站起来。"

许多人常常念叨："为什么我听了那么多道理，却依然过不好这一生？"归根结底，是因为没有把道理落实到行动中。行动是治疗"口嗨[①]"的解药，躬身入局才是关键。光喊口号、给自己灌鸡汤毫无意义，只会让焦虑加剧，因为你的行动远远配不上你的梦想。

欲成大事者，必先躬身入局

"天下事，在局外呐喊议论，总是无益，必须躬身入局，挺膺负责，乃有成事之可冀。"这句话出自晚清"中兴四大名臣"之一的曾国藩之口。被誉为"为师为将为相一完人"的曾国藩是中国历史上少有的真正达到"立德、立功、立言"三不朽境界的人，他用一生的行动在诠释什么叫"躬身入局"。

曾国藩其实并非天资卓越之人。少年时的他，资质平平，在科举考试中多次落榜，27 岁时才成功登第，进入仕途。太平天国

---

① 网络流行语，指言语上夸大，但缺乏实际行动支撑的行为。

运动爆发后，清政府局势动荡不安，朝廷内许多人在一旁高谈阔论、摇头叹息，唯独他不畏艰难，毅然接下了组建湘军的重任。

湘军组建初期，士气低落，士兵们不愿意参与艰苦的防御工事建设。为了鼓舞士气，曾国藩没有简单地下达命令，而是亲自带头挖土修筑防线。烈日炎炎下，他与士兵们一起挥汗如雨，直到工事初具雏形。这一举动极大地感染了士兵们，湘军士气为之一振，更多士兵主动加入，一同修筑起牢固的防线，成功抵御了敌军的多次进攻。

尽管曾国藩毫无军事经验，但无论是筹措资金、招募士兵还是协调地方势力，他都会亲力亲为。他每天参与士兵训练，从最基本的军事纪律到战术安排，一步步让湘军从无到有，将一支地方义勇军打造成了清朝中兴的重要依靠。

在我的理解里，躬身入局包含了两层含义：一是"躬身"，意味着要恭敬地做事、谦虚地做人；二是"入局"，意味着要把自己置于事中，承担起应有的责任。这二者合在一起，便是要以谦卑之心，亲自投身于实践，履行职责。

《说文解字》中写道："躳，身也。""吕"的本义是指人体的脊柱，正是因为有一节一节的脊椎骨，人才可以躬身弯腰。由于人弯腰的姿态似弓，后来才写成了会意兼行声字"躬"，左面的"身"代表身体，右面的"弓"象征着鞠躬的动作。曾国藩在家书中也提到："君子大过人处，只在虚心而已。"

　　那些扶摇直上的人，大多是谦虚的。看不到他人优秀之处的人，往往将自己的进化空间给堵死了，根本不会选择"下场"。田野上的麦穗，凡是颗粒饱满的，都低垂着脑袋十分谦虚，只有那些空瘪干枯的麦穗高傲地昂着头，在风中扬扬自得。小时候，我们都懂得"谦虚使人进步，骄傲使人落后"，可长大后，为什么许多人却忘记了这个最简单的道理呢？

　　有了"谦卑"，才有"入局"的可能。"入局"是一个领导者的基础，曾国藩认为，所有事情都是"力行"的功夫，就是说要一步步地做出来。在衡阳组建水师，需要设厂建战船，他寻遍湖南全省的能工巧匠，却没有一个人知道怎么造战船。于是，他主动去了解外地战船的大体模样，接下来，从船的尺寸结构到每一个细小部件，他都会和工匠们共同设计，反复试验和改进，最终成功建成了十营水师。

　　可以说"躬身入局"是领导者的基本修为，它意味着我们要亲自涉足其中，直面问题的核心，摒弃空谈与旁观，勇于承担责任。真正的影响和改变不会凭空而来，只有通过一点一滴的行动积累，我们才能从局外的"看客"变成局中的"行动者"。

承担责任，便是置身事内的开始

　　好的领导者不仅是决策者，更是参与者。他们不会站在局外发号施令，而是会亲自深入团队，与大家并肩作战，成为行动的推动者和引领者。无论是面对挑战还是面对机遇，优秀的领导者总是说"跟我上"。这是他们置身事内、肩负责任的最有力体现。

相比之下，那些缺乏责任感的领导者常常选择置身事外。或许他们精于制订宏伟的计划，但在实际执行时，他们总是缺席，习惯性地喊着"给我上"。这种领导者把自己置于安全地带，将所有执行压力推给下属，只在成果显现时归功于自己，而一旦出了问题，他们则立刻"甩锅"。

李鸿章曾说："与人共事，论功则推以让人，任劳则引为己责。"这句话生动地描绘了曾国藩的领导风范：有功劳时，归功于他人；有责任时，揽在自己身上。这正是躬身入局的精髓。与那些只会在高处指挥、远离一线的人形成鲜明对比，真正的领导者是用行动赢得信任和追随的。

可以说，领导他人与领导自己并没有本质上的区别。优秀的领导者在带领团队时，也是在不断自我领导。率先行动不仅是为了影响别人，更是优秀的领导者对自己的一种约束和要求。他们通过行动对自己负责，以自己的言行做出表率。同样，当我们谈论自我领导时，也是在谈如何对自己的选择和行动承担责任。

每个人都需要为自己的人生担负起完全的责任。是时候放下那些常被我们挂在嘴边的借口了——"原生家庭不好""社会大环境不支持""时间不够""别人没有配合好"……我们不能像水缸里的鱼，对周围的水一无所知，漠然地适应一切。我们无法指望别人替自己行动，自我领导必须亲力亲为。当我们选择躬身入局的那一刻，我们的"人生无限责任有限公司"也就挂牌成立了。每一个选择、每一次行动，都是我们为自己的人生负责的证明。

第三节

先动后谋，在行动中生成计划

　　每到新年伊始，我们总是满怀期待，觉得一切可以重新开始。朋友圈里充满了各种各样的目标：要体重下降 20 斤、要读100 本书、要学会一样乐器、要开展一门副业、要实现收入翻倍……立下这些目标时，我们坚信只要有目标，生活就能有质的飞跃。可是，时间一长，这些目标往往就成了过去的誓言，最终被我们亲手掩埋。

为什么你立的目标总是完不成

　　你有没有反思过，为什么每次立下的目标都会随着时间的流逝变得模糊，最终被遗忘，甚至被你主动摧毁呢？或许你会把这样的结果归咎于自己行动力不足，认为是懒惰让这些目标无法实现。但问题的根源不在于你没有行动力，而是你从一开始就被一种惯有的思维模式束缚住了，那就是"目标导向"思维。是的，你没看错，绝大多数人都会认为，行动必须先有目标，而且认为目标设定得越明确，行动就越容易成功。其实，恰恰是这种思维模式限制了我们的行动，让我们一心只想着结果，而忽视了行动本身的价值和意义。

当我们把"目标"作为唯一的焦点时，每一次小行动就都变成了通往结果的单调任务。比如，当我们开始健身时，如果只想着体重下降 20 斤，那么无论是有氧训练还是无氧训练，都会让我们觉得疲惫和乏味；当我们决定创业时，如果只想着靠成功上市走上人生巅峰，那么我们可能在面对初期的商业模式设计时就会感到困惑和挫败；当我们买了昂贵的吉他，渴望成为音乐达人时，在练习的过程中，如果一心只想着"精通"，我们很快就会失去学习的兴趣。当我们一直盯着目标时，就很容易在短期内因为缺乏即时成效感到沮丧。

《为什么伟大不能被计划：对创意、创新和创造的自由探索》的作者肯尼斯·斯坦利（Kenneth Stanley）和乔尔·雷曼（Joel Lehman）是两位在全球人工智能领域具有重要影响力的科学家，同时也是 OpenAI 的研究员。他们基于自己在人工智能领域的研究，在书中提出了一个颠覆传统认知的观点：目标导向的思维往往限制了我们的创造力和探索潜力。明确的目标虽然可以为行动提供方向，但同时也会让我们忽视那些潜在的机会和偶然性。那些人类最伟大的成就，往往并不是通过一开始就设定明确的目标达成的，反而通常是经过自由地探索和持续地行动，在意外的过程中达成的。青霉素的发现就是一个典型的例子。亚历山大·弗莱明（Alexander Fleming）并没有在一开始就设定要找到某种抗生素的目标，而是在研究细菌时偶然发现了被青霉素污染的培养皿。这一偶然发现彻底改变了现代医学史，青霉素的发现与应用被广泛认为是 20 世纪最重要的医学进展之一，特别是在第二次世界大战期间，青霉素被称为"神药"，挽救了上千万人的生命。

让目标成为"踏脚石"，而非"绊脚石"

过分在意目标，反而会阻碍我们的行动。许多目标看似清晰明确，实则带有某种欺骗性，会让我们过度专注于远处的终点，而忽略了沿途的风景和潜在的机会。越是宏大的目标，越容易给我们带来压力和挫败感。当目标成为束缚我们的桎梏，而不是激励我们的动力时，我们就会因为距离目标太远而感到疲惫，最终选择放弃。

这就是我们的目标总是"立不住"的主要原因。

按照这种观点，我们是不是就无须为行动设定目标了？难道我们就应该随波逐流、随意行事吗？

当然不是这样，真正有效的目标会成为我们下一步行动的"踏脚石"，而非"绊脚石"。在《为什么伟大不能被计划：对创意、创新和创造的自由探索》一书中，作者反复强调了"踏脚石"的重要性。比如，真空管和计算机的例子。早期的真空管技术是为了改善通信质量而发明的，并不是为了发明计算机而发展出来的。但是，它的信号放大和高速开关的功能使得早期电子计算机能够进行复杂运算，从而为现代计算机的发展提供了必要的基础，成为重要的"踏脚石"。

行动中，我们也要学会"摸着石头过河"，尤其当我们进入无人涉足的领域时。目标不应让我们在起点就锁定好固定路线，而应根据形势不断调整行动指南，在探索的过程中找到前进的"踏脚石"，步步为营，稳扎稳打。

"谋定而后动"与"先动而后谋"

在为行动设定好目标后，我们常常还会陷入"计划思维"的陷阱，认为只有在制订了详尽的计划后，才能开始行动，总是在等待一个完美的计划，希望掌握所有的可能性后再行动。各种大模型的出现则进一步强化了这种计划思维，精密的数据模型让我们越来越依赖"最优解计划"，越来越习惯等待"完美时机"，以至于行动永远都不会发生。

现实中，有多少人把"谋定而后动"奉为人生信条而反被耽误终身？

其实，大多数人并没有真正理解"谋定而后动"的真实含义。"谋"本身是没有错的，但是不能一直止步于"谋"。它强调的是在行动之前必须经过深思熟虑与全面规划，但绝不能无限期地等待。

我们所处的现代社会的发展和复杂性远超以往，计划确实赶不上变化。随着科技的飞速发展，市场瞬息万变，试图通过"谋定"预测所有的风险和结果变得不切实际。这样看来，完美的计划通常会"完美地失败"。

所以，"谋"和"动"的界限也不再如过去那般泾渭分明，个体面对的挑战和问题越来越多地呈现出即时性和动态性，计划再详细、再周密，也无法考虑到所有的变量。

行动就是最好的谋划

无论一个目标多么完美，无论一个计划多么缜密，都只有通过实际行动才能知道它们是否真正有效。

在当下的环境中，"动"本身就成了"谋"的重要组成部分。"纸上得来终觉浅，绝知此事要躬行。"思考得再多，如果没有行动，一切都只是空谈。行动的意义在于触发变化和创造新的机遇。

很多人正是因为陷入了"想得太多"的怪圈，才一直停留在幻想与现实的夹缝中，迟迟无法迈出改变的一步。要知道，行动就是变化的启动器，它可以打破原有的平衡状态，使得新的环境、思维、机会得以产生。不管成功与否，行动总会产生效果并带来结果。

如何正确地行动

我们可以尝试采用一种有效的行动方式——小目标，大行动。

通常情况下，我们习惯于"大目标，小行动"，就是先设定一个宏大的目标，然后通过一系列不断重复的小行动实现它。这种方式看起来很合理，只要我们按部就班地完成这些不太难的"小行动"，最终就会实现"大目标"。但是，这种方式忽略了行动过程中的复杂性和变化。一旦外界发生变动，如果我们还固守既定的行动计划，反而可能会偏离最初的目标。

"小目标，大行动"则是要求我们专注于行动的每一步，在过程中可以根据上一个行动的结果，结合实际情况，不断设定下一个行动的新目标。"小目标"并不是指不重要的、微不足道的目标，而是指那些具体的、可操作的目标。

著名的哲学家吉杜·克里希那穆提（Jiddu Krishnamurti）在其著作《生活即是行动：倾听、寂静和清明头脑》中探讨了全然行动的必要性。"大行动"就是将自己的全部力量集中在每一个小目标上，行动本身就是变化的起点。目标并不是成功的唯一衡量标准，关键在于我们是否真正投入每个行动，并从中获得成长，行动本身才是最具价值的部分。

力出一孔，才会有结果

当我们要砍倒一棵大树时，就要反复在同一个地方用力砍，而不是随意挥动斧头乱砍，从而消耗自己的力气。

力出一孔不仅是指行动中的集中发力，更是指内心世界的专注。个人的能量是有限的，犹如大海中的一滴水，难以掀起风浪。可是，如果我们能将有限的能量集中于一个点，它或许就可以激起涟漪，甚至推动巨浪。

力出一孔的智慧在于"选择"与"放弃"之间的平衡。管理学大师迈克尔·波特（Michael Porter）说："战略的本质是选择不做什么。"我们总会关注要做什么，实际上，选择不做什么也是同样重要的。每个人都可能会遇到"选择困难"的情况：我究竟应该在哪些方面努力？我应该把精力放在哪些重要的行动中？又应该放弃哪些看似不错的机会？

还记得我们之前讨论过的生命中那个重要的"1"吗？其实，"1"是什么，每个人心里都是有答案的，只是我们需要不断地"提示"自己、"拉回"自己。许多时候，我们的问题都在于选择了错误的行动方向，且未能及时止损。懂得放弃不重要的，才能为真正重要的留出足够的空间。学会说"不"，是一种对自身力量的保护，是为了将力量集中在对我们而言最有价值的行动上。

第四节

自我激励，建立内在正反馈机制

你在行动中是不是经常会这样：一开始时总是充满热情和动力，可是没过几天，最初的冲劲儿就逐渐消退。减肥计划在诱人的甜点前被放弃，学习计划被社交和娱乐打乱，早起的决心在闹钟响起时化为一声叹息。起初定下目标的热情很快就会被日常的琐事和懈怠湮没，曾经的雄心壮志转眼就成了现下沉重的负担。最终，你只能灰溜溜地宣告放弃。

许多人都有过这样的感觉——明明想要改变，却总是遇到某种看不见的阻力。即便设立了目标，制订了计划，行动的热情也会逐渐消逝。

你总是发现自己难以坚持行动，特别是在需要长时间付出的事情上。这背后的原因是什么呢？

你也许会把它归咎于自己的意志力不够强，然后常常陷入自责。但是，行动真的只能靠意志力才能维持下去吗？

为什么我们总是很难坚持一件事

我们从小就习惯通过外部反馈判断自己的行为是否正确，父母的表扬、老师的肯定等，这些外部正反馈构成了我们的"激励机制"，不断引导我们为之努力。外部正反馈无疑在人们早期成长过程中起到了一定的积极作用，但也带来了隐患——一旦正反馈消失或转为负面，我们的行动力就会随之衰减。这种依赖外部正反馈的行动模式，正是我们难以坚持做一件事的根本原因。面对无法在短时间内拿到结果或没有外部正反馈的事情，我们就会容易放弃。

外部反馈对行动的影响

1. 正反馈

让我们一起回想一下自己经历的真实场景。当我们刚开始做一份新工作时，总会表现得非常积极，每天加班到很晚，渴望得到领导和同事的认可。可是，随着时间的推移，如果没有及时获得表扬或奖励，我们的工作热情就会慢慢消退。我们也可能会感到失落，甚至开始怀疑自己是否适合这份工作。

正反馈的作用，是在行动过程中，通过积极的结果或外界的肯定增强我们最初的动机，从而形成一种激励循环。当我们做出符合他人期待的行为，并得到了夸奖或认可时，就更有动力进行下去，并且越做越好。

正反馈通常依赖于外界的评价标准，在短期内，它确实能有效激励我们行动，但从长远看，一旦外界的正反馈消失，我们的动力也会随之减弱。长期依赖外部正反馈的人，更容易在遇到负面评价时变得脆弱，陷入自我怀疑，甚至质疑自己的能力与价值。

2. 负反馈

负反馈对行动的影响往往更加直接。比如，当我们被上司批评否定时，我们可能立刻就会陷入自我怀疑，觉得上司不再信任我们；别人一个不经意的眼神，就会引发我们对自身的反复琢磨，耗费大量的精力去猜测对方的意图；当我们被评价某项能力不足时，即使告诉自己不应该被影响，但内心依然难以释怀。这些情况无一不是由于外部反馈对我们产生了深刻的影响。

长期接收外部负反馈会令我们陷入持续的自我怀疑。负反馈会将人推入一个不断自我否定的恶性循环，导致自尊与价值感逐渐消失，这样的负反馈就是大家总提到的"PUA①"现象。

总的来说，无论是正反馈还是负反馈，过于依赖外界的评价

---

① 全称"pick up artist"，意为"搭讪艺术家"，原指一方为了发展恋情，系统地学习如何提升情商和互动技巧以吸引对方，直至发生亲密关系。目前，PUA 多指在一段关系中，一方通过言语打压、行为否定、精神打压的方式对另一方进行情感操纵和精神控制。

都会削弱我们对自身行为的掌控力。长此以往，自然难以坚持把一件事做下去。

建立内部的自我激励机制

当我们能够从自身行为中找到意义和满足感时，行动就不再依赖于外界的评价。真正持久的动力，源自内心的坚定信念和自我认同，而不是外部的称赞或批评。这种内部的自我激励机制是稳定且自洽的，能帮助我们在追求目标的道路上持之以恒。

如果一味依赖外部的夸奖或批评驱动自己，我们的成就可能只能达到及格的水平。那些真正取得卓越成就的人，通常依靠的是强大的"内在正反馈"。我们可以在日常生活中用以下方法为自己提供内在正反馈。

1. 为自己提供情绪价值

用积极的自我对话替代消极的自我对话，为自己提供情绪价

消极的自我对话	积极的自我对话
• 我真的不会	• 我目前还没有学会
• 我很害怕失败	• 我可以从失败中汲取经验
• 这太难了，我做不到	• 我只需要多花一些时间和精力就能做到
• 我放弃了	• 我还可以尝试其他不同的办法

- 我永远无法像他那样聪明
- 我不喜欢听别人的意见
- 我害怕去一个全新的环境

- 我要学习他的方式，努力尝试
- 我会珍视他人的反馈，主动接受建议
- 我相信自己能够逐渐适应新的环境

值。以下是一些常见的场景中，我们通过语言转变，从而改变自我暗示，有效地使消极的思维模式消失的例子。

2. 建立内在的评价机制

一个优秀的评价机制由以下要素组成。

- 阶段性总结：在完成每一阶段的任务后，进行自我反思，评估自己在这段时间内的表现。看看自己在哪些方面取得了进步，哪些方面需要改进。这样做也为下一阶段完成任务提供了方向。
- 动态调整目标：有时目标的实现可能会遇到困难，这时不要轻易放弃，而是要根据实际情况调整目标，找到合适的节奏。要知道，并不是所有事情都能一步到位。如果遇到瓶颈，我们可以问问自己："这个目标是否过于理想化？是否忽略了某些外部或内部因素？"这样的灵活调整可以帮助我们避免挫折感的积累，并让目标更符合现实，这也是应对不确定性的一种方法。

- 奖励机制：在达成某些关键成就时，要给予自己适当的奖励。自我奖励可以是看一场喜欢的电影、买一本喜欢的书或者休息一天等。奖励不在于大小，而在于它能够滋养我们的内心，增强我们对实现未来目标的信心，避免我们陷入疲劳和倦怠，维持长久的动力。

3. 生理上的平衡

从生理层面讲，多巴胺和内啡肽在正反馈中扮演着不同的角色。多巴胺负责为我们提供短期的动力，是一种迅速分泌的神经递质，给人带来瞬间的满足感。比如，当我们完成一个任务，受到外界的夸赞时，就会激发多巴胺的分泌，让我们感到振奋和有成就感。但是，如果我们仅仅依赖它驱动行动，会很容易对外界刺激产生依赖，一旦缺乏即时反馈，我们就会感到疲惫或失去动力。

内啡肽的作用则不同，它提供的是一种深层次的、持久的愉悦感。进行长时间的运动、专注于某项任务或一步步实现长远目标时，我们的体内就会逐渐释放内啡肽。这种物质让我们在过程中获得满足感，而不只是依赖目标的达成。例如，许多跑步爱好者都提到会产生"跑者愉悦",或者我们在专注工作时会获得深度满足感,都是因为内啡肽在起作用。

要想得到真正的内在正反馈,我们就需要在短期的多巴胺激励和长期的内啡肽满足之间找到平衡。我们要在设定及实现一些小而可行的短期目标刺激多巴胺的同时,培养能够为我们带来深层次满足感的习惯,如运动、创作或深入学习等。

自我激励是一种内在动力系统,它并非一时之功。自我领导注重行动本身的力量,更关注过程,而非对结果过度执着。坚持做一件事会自然而然地创造出积极的结果。只有当我们对自己的行动有清晰的认知,并能够理解内在驱动力的来源时,自我激励机制才能够真正建立。

正如尼采所说:"一个知道为什么而活的人几乎能承受任何发生的事。"一旦我们找到了内在的"为什么",就知道该如何继续前行了。

第五章

共情即连接：
自我领导的关系逆转

第一节

重新理解关系

英国诗人约翰·多恩（John Donne）在 17 世纪时写下："没有人是一座孤岛。"我们的每一个念头和行动，都在与他人的互动中产生。在这个世界上，个体的存在从不孤立，每个人的生活、成长和成就都深深地嵌在错综复杂的关系网络中。

关系连接万物

关系无处不在，它既存在于人与人之间，也存在于人与物、物与物之间。当然，在今天，还有一种更复杂的关系——人与 AI 的关系（AI-lationships）。关系参与的主体正从碳基生命扩展到硅基智能。从某种意义上讲，我们所处的世界乃至整个宇宙，就是由无数关系交织而成的网络。在量子世界中，一个粒子的变化会瞬间影响另一个粒子，两个粒子间的关联可以跨越时空。

万物纠缠互联，关系是构成世界的基础。宇宙中的每一个粒子、每一股力量都不是孤立存在的，它们在无数微妙的相互作用中构成了复杂的物质结构。恒星与行星相互牵引形成繁杂的星系，水分子之间的氢键维系着生命的基础。这些看似细微的关系，构成了我们所认识的宇宙。

马克思在《关于费尔巴哈的提纲》中提出："人的本质不是单个人所固有的抽象物，在其现实性上，它是一切社会关系的总和。"人类学和心理学的研究告诉我们，一个人的个性、信念、行为方式，皆由其所处的关系塑造而成。我们与自己的关系，更是一切关系的基础。正是这些隐形的纽带，勾勒出每个生命独特的轨迹。

当我们将"自我"视为原点时，周围的关系网便如藤蔓般开始编织。这个关系网将我们与他人紧密地联结在一起，它不是某种独立于我们之外的客体，而是我们存在的一部分。我们内在的情绪、思想，甚至外在的行为，都是这些关系的产物。当我们调整自己与世界的互动方式时，关系自然也会随之发生变化。

人际交往的本质：价值与能量的交换

人际交往的本质是价值与能量的交换。其中，关系连接的质量和流动的方向，决定了关系健康与否。

健康的关系是双向的，价值和能量可以自由地流动，滋养彼此。每当一方遇到困难，另一方总会无条件地给予鼓励和陪伴，而当一方有了进步时，也会与对方一起分享这份喜悦，双方都能从关系中感受到支持与认同。相反，如果一方始终在付出，而另一方总是被动接受，从不回应和付出，关系中的给予者就会逐渐感到疲惫。单向的消耗与输出，带来的是不对等的价值交换。

要想经营好一段关系，我们或许可以从古老的治水智慧中汲取一些灵感。中国古人治水，讲究疏导而非堵截，给予水自由流动的空间，从而让河道畅通无阻。都江堰的治水哲学就是不改变水的本性，不试图阻止其流动，而是进一步创造条件，让水在新的通道中自在流淌，"因势利导，顺其自然"，通过"深淘滩，低作堰"降低水流的阻力，让水遵循本性流动。在人与人的关系中，这种"疏而不堵"的智慧同样适用。我们既是治水者，也是水流的一部分，彼此间的互动模式决定了关系的走向。

领导力是处理关系的艺术

组织管理专家玛格丽特·惠特利（Margaret Wheatley）在《领导力与新科学》一书中谈及，领导力的艺术在于识别关系、建立关系与强化关系。我们的日常生活也由各种关系塑造。我们与他人建立的关系大致可以归纳为三种基本结构：并列关系、上下关系、对立关系。每一种关系结构都有其独特的运作方式，这些关系构成了我们的生活网络，也在无形中影响着我们的幸福指数和生活质量。

　　并列关系以平等和互助为灵魂，多存在于夫妻、朋友之间。在并列关系中，双方地位相当，不存在权力的压制或等级的差异，因而交互方式更为自由和开放。尽管偶有摩擦，但在相互尊重的基础上，双方可以坦诚沟通、相互理解，在磨合中增进感情。

　　上下关系则存在于角色或权力差异较大的人与人之间，如职场的上下级、师生等。上下关系的核心在于秩序和尊重，而非单方面的控制。健康的上下关系建立在职责分工清晰且彼此尊重的基础上，然而，一旦角色偏离，比如上下级之间对彼此的需求和想法的理解不足，就容易导致权力滥用或产生不满情绪。所以，健康的上下关系既要明确职责分工，又要保持尊重与理解的态度。

　　对立关系，通常表现为竞争或冲突，如职场中不同部门间的竞争、大国之间的外交博弈等。当双方的需求不一致时，关系中就会出现矛盾。这类关系在特定情境中并非罕见，双方既是对手，又需要在共同目标下相互制衡。处理这类关系的关键在于找到平衡，不让冲突阻碍合作。

关系中的绝大多数问题，源自角色的错位

　　我们经常听到关于关系的种种困扰——"我和爱人的关系不好""我和孩子的关系不好""我和父母的关系不好""我和同事的关系不好"……这些抱怨与吐槽的背后，藏着的是深深的无力

感和挫败感。我们也可以对号入座，想想自己是不是也经常把类似的话挂在嘴边。

再来想一下，为什么关系问题如此普遍？我们又为什么把生活中的所有问题都归结在关系问题上呢？

其实，许多关系出现问题并非由单纯的对错导致，而是源自角色的错位。当我们未能从合适的位置上看待对方，或是误解了自己在关系中的位置时，关系就会逐渐失衡，冲突也会随之而来。以亲密关系为例，亲密关系中出现错位经常是因为一方对另一方有不切实际的期待——"你必须成为我心中的样子"。如果一方总想着"指挥"或"改造"另一方，试图将自己的标准强加到对方身上，那么原本的并列关系就逐渐变成了一种带有压迫感的上下关系。

面对这样的情况，我们常苦于无从下手，有时甚至会选择视而不见，结果只会让关系越发疏离，甚至崩溃。要知道，关系并不是一成不变的，即使关系中的双方曾因错位而产生冲突，也并不意味着这段关系就注定以失败告终。

AI-lationships：新关系问题之人机关系

在一段关系中，当对方无法真正理解我们时，我们会感到挫败、无力，甚至开始怀疑这段关系的价值。而现在，这种困惑正蔓延到人机关系之中。当我们在抱怨和 AI 无法有效协作时的潜台词就是：我和 AI 的关系不好。

这听起来是不是很熟悉？我们与 AI 的关系出现问题的原因与我们之前谈到的其他关系出现问题的原因是相同的。一旦我们把自己与 AI 的关系纳入简单的上下关系框架里，就容易走向两个极端。

一是仰视性恐慌。有人将 AI 视为全知全能的神明，觉得自己面对的是一个不会疲倦、不会出错、随时进化的超级智能体。他们担心自己迟早会被淘汰，于是焦虑、抗拒，甚至否定 AI 的一切价值。

二是俯视性傲慢。有人坚信 AI 终究只是工具，算法永远无法理解人性。他们习惯性地轻视 AI，享受着高高在上的掌控感。

面对 AI，保持谦卑

在面对 AI 时，我们更需要的是一种谦卑的态度。谦卑，不是向 AI 屈服，而是承认自己并非无所不能，也愿意承认 AI 在某些方面确实卓越。我们可以尝试用一个公式来形象化人机关系：人类的共情价值 × AI 的算力价值 = 共生进化的能量。

共情价值代表的是人类可以理解他人、感知复杂情境、创造价值、赋予意义，而算力价值则是 AI 的核心优势——海量数据处理、精准计算、逻辑推理、持续优化。这两种价值相乘，而非相加，意味着只有当二者真正协同，彼此激发时，才能产生远超单一个体的能量，推动共生进化。

每段关系都是我们与自己的关系

我们与他人的每段关系，实际上映射的都是我们与自己的关系。我们渴望什么样的关系，就是渴望什么样的自己。每个人都想被爱、被理解、被呵护、被珍惜，如果这些需求没有被满足，它们就会一直存在。在某种程度上，关系是一面镜子，通过它，我们可以看到自己的期待。我们总是会不由自主地把对自身的期待和要求带入关系。

换句话说，关系是自我投射的结果：我们与外界的关系模式，其实反映了我们内在的自我状态。正因如此，改善关系的关键不仅在于理解对方，更在于从自己出发，改变我们看待关系的视角和态度。

我们在每段关系中的首要角色，始终是"我自己"，只有在完整地接纳自己后，才能形成"我们"。在任何关系中，我们唯一能掌控的都只有我们自己，这才是我们能去着力的地方。建立每段关系的前提，都是我们先去面对并解决自己内心的课题，而不是直接将这些未解的问题投射到他人身上。不要尝试去改变关系中的另一个人，因为无论我们多么努力，都无法真正改变一个人，除非他们自己愿意改变。我们常以为关系的质量取决于对方是否愿意改变和配合，实际上，关系的和谐是通过自我调整而逐渐实现的。

所以，关系问题并不是无法解决的。

从源头重塑关系

在关系中领导自我，可以通过改变自身在关系中的投射方式带动关系的逆转。这种改变并不依赖外在的控制，而是通过自我审视，重新定义自己在关系中的角色与位置，从而真正地了解自己的真实需求和价值。这种改变使我们在关系中不再纠结于"我想要什么样的关系"，而是聚焦于"我能够提供什么样的自己"。

所有对立的关系中一定包含两大要素——"不接纳"和"不允许"。从根源上讲，对立源于我们内心的匮乏。有时我们感受到变化和不安，就会对周围的人和事产生过度的解读。比如，你的另一半只是没有及时回复你的信息，你就开始着急，甚至浮想联翩。当一个人开始陷入自证时，也就陷入了自我消耗的循环，看到这一点是非常重要的。"我"才是源头，无论是亲密关系还是职场关系，任何关系都有重塑的可能性。只有从自身开始改变，我们才能在不同关系中都感觉舒适。

有的人会把人与人的关系比作两个半圆的组合，即两个半圆相遇后就能组成一个完整的圆，继续向前滚动。但是，两个半圆能否拼成一个完整的圆，取决于它们的半径是否相同。这里的"半径"可以理解为人的脾气、性格、价值观、成长环境、生活方式等。世界之大，要想找到一个和我们"半径"完全一样的人，简直难于上青天。

我认为也许用"圆"来比喻个体本身更为合适，健康的关系，是要双方分别"修炼"各自的"圆"。这样，当两个圆合在一起时，大圆可以包裹住小圆，形成一种更有力量的同心圆关系；当两个圆分开时，各自也依然是完整的圆。

共情：用内在连接内在

当我们与真实的自己建立了联系时，便能用共情穿透关系中的情绪屏障，真正触及对方的内在世界。"共情"一词的英文"empathy"早期被翻译为"神入"，意思是深入他人的主观世界，以真正理解他人内心的感受和需求。

与其说共情是一种技巧，不如说它是一种状态——通过内在的连接，我们不再执着于在关系中"获得"或"给予"了什么，而是和他人一起进入心灵的共振状态。

共情从来不是简单的换位思考。关系的变化取决于我们能否透过关系中的投射，看到对方内在的真实状态，同时也让对方看到我们的真情实感。

共情使关系超越了情绪与意见的交换，开启了能量和价值的深层流动。关系不再是一个封闭的循环空间，而是逐渐成为一个开放的、富有生机的能量场，每一个人都能从中得到滋养。在每段关系中，我们不再单纯地关注"我能得到什么"，而是开始思考"我们能共同创造什么"。

《诗经》中有"南有樛木，葛藟累之"的描写，藤蔓与大树，相互依偎而共生。而樛木、葛藟的意象也在 AI 时代重生，每段关系都可以被看作一份"智能契约"，在共情的引领下，旧有的、僵化的关系模式逐渐瓦解，而新的、更有活力的关系在内心共振中不断涌现，我们将在彼此的真实中找到更深的联结与支持。

第二节

营造安全场域，创建对话界面

你因失恋而痛哭，朋友安慰说："我理解你，失恋真的很痛苦，我也失恋过，那种感觉我懂。"这句话不但没有减轻你的痛苦，反而让你觉得你的伤痛被一笔带过了，因为对方的"我懂"，其实并没有触及你的痛点，这种"理解"更多是浮于表面的。你在工作上受挫，向同事倾诉自己的无力感，对方却说"我理解你的压力，我工作也很累，大家都不容易"，一句"我理解你"虽然是好意，却让你觉得自己深陷的困境被轻描淡写了。

共情并不是简单地说"我理解你"，或是试图用"我也一样"来表达支持。真正的共情是一种内在的接纳，是在一个开放的、充满尊重的空间中，让彼此能够安心地表达自我。哪怕观点不同、感受各异，双方也能在对话中获得包容与理解。

相传伯牙琴技高超，却总感觉没有能听懂他琴音的人。直到一次他在汉阳江口弹琴，路过的钟子期被琴音深深吸引，停下脚步，钟子期说他可以听出每首曲子的意境，可以感受到高山的雄伟和流水的潺潺。两人因此结为知音，约定来年中秋再会。然而，钟子期不幸病逝，伯牙得知噩耗后万分悲痛，来到钟子期的坟前弹奏最后一曲，随后悲愤地摔琴"绝弦"。因为在他的心中，钟子期是唯一真正进入他琴音"场域"的人，人生得一知己足矣！

共情需要发生在同一个场域

如同伯牙琴音里的山水之景在钟子期心中浮现，这种让人觉得同在一个空间的感觉超越了简单的交流，让两个原本陌生的人建立起深刻而独特的连接。

物理学中有一个概念叫"场"，在无形却真实存在的"场"中，具有一定性质的物体能对与之不相接触的物体施加一种力。在人际关系中，也存在类似的"场域"，它无法被我们看见，但它的存在能被我们感知。

每当开始一段新的关系时，我们都会先判断自己是不是安全的，一旦我们确定自己是安全的，从此就会通过"安全滤镜"看待这份关系。共情就是去创造一种共同的安全场域，让彼此都能在其中自然地存在并相互理解。进入这个场域后，我们可以卸下防备，让情感、思想和能量得以自由地流动与交换，从而在过程中找到共同的频率，产生共鸣。

很多人在经历过不愉快的关系后，会选择把自己封闭起来，不再主动融入关系，认为自己无法被他人接纳。换个角度看，要想把自己重新"打开"，可以试着营造一个新的安全场域，让他人自然地进入，从而重新开始一段关系。共情不仅仅是我们进入别人的场域，而是营造一个共同的场域，让双方都能自由进入。

安全场域的构建在于营造一种"情感自由"的氛围，让人们感到放松，可以坦率地表达而不必担心被误解或被攻击。这个场域能容纳情绪的流动和能量的交换，双方在其中即使产生分歧也不会动摇关系的根基，反而能以此为契机探索更深的需求与感受，沟通变得坦诚而深入，误解也随之减少。

构建安全场域的原则

构建一个安全场域要遵循四大原则：尊重、宽容、鼓励和利他精神。

原则一：尊重。尊重是构建安全场域的基础，即认可自己和对方的独立性和完整性。尊重包含尊重自己和尊重他人两个层面，在尊重他人之前先要学会尊重自己。

没有自我尊重，就无法在关系中平等地对待他人。尊重他人不是随意妥协或一味地迎合，认同对方的一切观点，而是允许对方拥有不同的想法和生活方式，理解每个人都有独特的经历和视角，接纳彼此的差异，并找到共存的方式。

原则二：宽容。宽容是指允许不完美和不确定性存在，不把错误视作不可原谅的缺陷。我们要接受人性的局限性和复杂性，允许关系中有犯错和调整的空间。

宽容并不是要我们一味地迁就，而是要我们基于信任，承认对方在某些情境下的行为或决定并非全然可控。它包含对关系中不确定性的接受。在任何关系中，摩擦与误解都几乎不可避免，随时可能会出现新问题。人无完人，包括我们自己。当我们试图把另一个人改变成我们心中理想的模样时，就等于是在从另一个侧面破坏关系的发展。我们要做的是保持对对方的理解和支持，而不是因为一时的不合而急于改变对方或结束关系，要给予关系修正和重新连接的机会。

原则三：鼓励。鼓励的意义在于，给彼此表达真实情感和需求的勇气，使双方不必害怕遭到批判或被忽视。我们之所以要隐藏真实的想法，是因为害怕表达后会遭到否定，而鼓励就是为了让双方以真实的状态互动。

适时地给出积极的反馈，代表一种温柔而坚定的支持，可以让对方感到自己被看见、被听见。当我们传达出"你值得被听见"的信号时，对方也会更愿意分享真实的自己。

原则四：利他精神。利他精神的核心是"抱利他之心，行利他之事"，它代表了一种情感上的自由。它不以回报为目的，不以他人的反应作为行动的前提，而是出于真心地去支持和关怀。

在心理学中，有一种现象被称为"爱的回流"，大意是当我们在关系中真诚地付出时，对方就会感受到这种关爱，关系也会因此而更加深厚。正所谓"爱出者爱返，福往者福来"，就像是我们亲手种下善意的种子，在未来某个不经意的时刻，它就会回馈给我们花朵。

我们以善意对待他人，最终也会从中受益。

建立安全场域的具体方法

接下来，我想向大家分享 3 个建立安全场域的具体方法。

1. 创造共同目标或共同议题

要想找到能让彼此在情感上产生连接的共同话题，我们并不需要刻意制造或引导对方去关注某个"重要"话题，而应更自然地从生活中的点滴出发，去观察和发掘对方真正关心的内容。或许是一次不经意的闲聊，或是关于一部电影、一本书的交流，又或是对某个事件的讨论，我们会在这些时刻发觉对方的价值观与自己有微妙的契合。这样的契合感来自对生活细节的共同体验，而非刻意的主题设置。

在日常的互动中，我们可以尝试用开放的心态去接纳对方的兴趣点，通过细致的观察找到让双方都能投入的共鸣点。我们可以留意对方语气中的热情，或是谈到某个话题时闪烁的眼神。在互动中捕捉这些信号，能让我们更自然地进入对方的内心，找到共同的情感切入点。这些小而真实的连接会让人有"我们在一起"的感觉。

2. 设置边界，保持边界意识

在很多人的观念里，只有打破边界才能体现亲密，其实不然。边界并不是对关系的限制，而是对关系的一种界定，我们和对方都有在关系中保持自我的权利和自由。边界将我们的生活划分为两个区域：一个区域令我们感到安全与舒适，另一个区域则有触及我们的底线的行为或情境存在，令我们感到抵触。这样的划分有助于我们更清晰地意识到，什么是我们可以接受的，什么是我们无法妥协的。也正因如此，我们才能以清晰而坚定的方式表明自己的边界。如果有人试图跨越边界，做出触及我们底线的行为，我们要学会准确地说出自己的感受和想法。

我们可以试着温柔地表达："我知道你关心我，也会认真考虑你的建议，但我希望最终的决定能由我来做。"只有保持各自的边界意识，每个人才不会被压抑，也能因此获得一份心安的自由。相反，如果关系中缺乏边界，彼此的依赖反而会导致失衡和不适，使人变得焦虑或疏远。

3. 非评判倾听

非评判倾听代表的是一种尊重和无条件的接纳，它并不需要我们急于给出答案或评价，而要我们纯粹地关注对方的感受。

在这里，我们可以运用"3F方法"。

事实（fact），即倾听对方陈述的事实，不做任何主观的评判。

感知（feel），即感知对方的情绪，而不是沉浸在自己的感受里。人们通常不会直接表达自己的情绪，如"我很生气"或"我很紧张"，而是会把情绪隐藏在话语中。

意图（focus），即倾听意图——在对方讲述时，认真倾听对方真正需要的是什么。我们可以给一些建议，但不要强加于人。不以对错评估对方的经历和情感，而是将关注点放在对方的表达上，会使对方感受到被接纳、很安全。

在非评判倾听的过程中，我们要在对方说话时看着对方的眼睛。在对方整理思路时，不要贸然地打断，不要害怕沉默，不要试图掌控对方的节奏。每个人，既是安全场域的创造者，也是这个场域的组成部分。

在下一节的内容中，我们会一起探讨如何在安全场域中进行关键对话，以确保我们能够在最需要的时候把自己内心的需求表达清楚。

第三节

引领关键对话

我们每天都在进行对话，但并非每一次对话都是关键对话。一般的对话可能只是寒暄和信息交换，关键对话则出现在与利益相关或高情感浓度的场景中，比如升职加薪的谈话场景、家庭成员做重大决策的场景、重要的面试场景等。

当你向老板提出升职加薪的申请时，你希望他可以理解你的需求，并愿意认可你的努力，为你支付更高的报酬。这时，你不仅需要表达清晰，掌握谈判的筹码，也需要从对方的角度出发，了解他的关注点，从而提高谈判成功的概率。当你想去另一个城市发展，而伴侣更倾向于留在熟悉的环境中时，如果你只是表达自己的意图而忽视对方对稳定的渴望，你们就很难达成沟通的共识。

简单来讲，关键对话是那些在特定时刻发生的，可能影响深远且伴随情绪张力的对话。这些对话一般涉及个人利益、价值观冲突，或者需要做出高风险的决策。从广义的角度看，关键对话几乎无处不在，它可以发生在任何层面上。大到国家之间的外交谈判、企业高层的战略讨论，小到团队成员间对项目方向的争论，甚至朋友间关于观点的辩论，都可能成为关键对话的发生场景。

在关键对话中，我们不仅需要"会说话"，更重要的是要能准确理解对方的情感、需求，以及潜在的顾虑。关键对话之所以"关键"，是因为它们涉及更高的情感投入、更直接的利益冲突，甚至可能对我们的未来产生深远的影响。因此，关键对话往往需要更多的共情和理解，以达成共识。

AI 时代的关键对话

AI 时代，人与人沟通的对话界面与对话方式都发生了很大的变化，不再局限于线下面对面的交流。从社交媒体到即时通信工具，再到虚拟会议，数字化平台为我们提供了丰富多样的沟通场景。面试、加薪申请、商务谈判等传统的关键对话发生场景也逐渐从线下会议室转移到了线上。

甚至机器也成了我们对话的重要参与者——AI 客服、虚拟助手、智能语音设备，还有 ChatGPT、DeepSeek 等生成式 AI，也变成了我们日常沟通的对象。

可是，数字化对话的普及并未使沟通变得更简单。在虚拟环境中，许多细腻的情感交流反而被削弱，特别是在关键对话中，这种缺失让沟通的顺畅与情感的精准理解变得更为艰难。你是不是也曾在微信上被好几条长达 59 秒的语音信息"轰炸"过？对方或许只是想更迅速地传递信息，却忽视了接收者的接受效果。这种表达方式的不当，正是共情缺位的体现。共情是一种站在他人角度思考的能力，尤其是在复杂的、关乎利益或情感的关键对话中，它的作用更为突出。

在传统的面对面交流中，眼神、语调、肢体语言等非语言线索让情感表达更加直观，而在数字化对话中，这些信息的减少或消失，会使情感的传递受限，被误解的风险也随之增加。此外，数字化对话的即时性需要人们快速反馈，而文字和语音难以准确地传达情绪，容易造成疏远感，使我们难以把握对方的真实意图。同时，在线沟通缺乏面对面沟通中的细微感知，即便表达出于善意，情感也可能无法完整地传达出去。

共情：引领关键对话的核心能力

无论对话是发生在屏幕前还是面对面，真正有效的沟通都需要共情的引导。虽然 AI 时代改变了我们的沟通方式，但共情能力始终是连接人与人内心的桥梁。尤其在关键对话中，共情促使双方能够超越简单的信息交换，真正理解彼此的情感和需求，从而获得有温度的沟通结果。建立在共情基础上的关键对话更具深度，能让我们在关系中获得更持久的信任和理解。

那么，如何在关键对话中发挥共情的作用呢？以下是我推荐的方法。

1. 准备阶段

（1）营造安全场域

在准备进行关键对话的阶段，首先要确保对话能在一个安全场域中开展。我在上一节中已经分享过关于营造安全场域的相关知识，在此不再赘述。关键对话大概率会涉及敏感的主题，一个让双方都感到放松、安全的场域能让交流变得坦诚、顺畅。

（2）预设对方可能存在的顾虑

在关键对话开始前，我们可以从多个角度去思考对方可能存在的顾虑。这一步的关键在于"设身处地"，即站在对方的立场上理解其心情和关注点。一般情况下，我们可以从客观因素、他人因素、个人因素、不确定因素这几大方向做尽量全面的预设，再提前想出一些应对策略。

以关于涨薪的关键对话为例，我们可以从多个角度预设老板的反应与顾虑，从而更有针对性地做准备（见表5-1）。

表 5-1 预设涨薪对话

方向	可能存在的顾虑	应对策略
客观因素	公司预算紧张，无法立即答应加薪	理解公司的预算压力，并表示愿意在未来继续努力，待公司财务状况改善后再提出加薪申请

续表

方向	可能存在的顾虑	应对策略
他人因素	担心其他同事会觉得不公平，影响团队士气	提出在加薪的同时维持公平的方法
个人因素	需考量"我"过去的工作表现是否足够出色	展示自己在项目上的成果
不确定因素	了解"我"在公司长期发展的承诺	表达自己和公司有关的未来规划

2. 进行阶段

（1）清晰地表达需求与立场

在关键对话的开始阶段，清晰的表达、诚恳的沟通态度能够让接下来的交流更顺畅、更具建设性，也能为双方的理解和合作奠定基础。

清晰地表达需求与立场，不只是在传递信息，也是在设置对话的基调。明确地提出自己的意图和需求，可以避免对方产生误解。我们可以选择开门见山直接表达自己的想法，这会让对方更容易理解我们的动机，并降低防御心理。

（2）出现偏差，及时拉回，重新找回对话目的

在对话过程中，难免会出现偏差，这就需要我们能够灵活应对。通过重新找回对话的目的，可以引导对话呈现最初的意图。比如在申请加薪的对话中，我们要清楚自己的真实目的是获得更高的收入还是获得老板的认可；在家庭讨论中，我们要清楚自己

是为了解释自己的生活选择还是希望家人支持我们的决定。目标清晰能够让对话更具方向感。明确真实需求能让对话不偏题，并聚焦在具体问题的解决上。

（3）捕捉对方的言外之意

在倾听中，能够捕捉对方的言外之意，才能更深层次地理解对方的情绪。不要急于回应，耐心等待对方完整地表达后，再从对方的话语和非语言信号中解读出他们的潜在情绪。比如，老板在回应时的停顿、叹气，伴侣低下头的瞬间，都传达出了他们的潜在情绪。通过观察这些微妙之处，我们能够做出更具针对性的回应，避免因为忽略对方的情绪而产生误解。

（4）情绪管理，使用非攻击性的语言

正是因为关键对话对我们非常重要，我们才格外在意其结果，也会对这类对话有更多的情绪投入。但是，越是在意，我们就会越紧张，这种紧张感让我们更容易把注意力转向"赢得对话"或"让对方接受我的观点"。于是，一些潜在的情绪波动或对抗心理可能会不知不觉地浮现，干扰对话的效果。

所以，控制情绪、保持理性是我们在关键对话中必须具备的基本功。有效的情绪管理可以让我们避免因一时的情绪失控而破坏对话氛围，确保沟通在理智、平和的基础上进行。

（5）提出开放式问题

用开放式问题引导对方思考和表达，能够促进对话的深入，而不仅仅是任由它流于表面。开放式问题不同于答案只有"是"或"否"的封闭式问题，双方以具有建设性的方式表达对问题的看法，更容易达成共识。

如果你给出的问题是"能不能给我加薪"，往往会让对方立刻进入封闭式问题的答复模式。如果换成开放式问题，比如"您对我未来的职业发展的期望是什么"或"您认为我的哪些表现可以进一步提升"，就有机会让老板从其他的视角看待你的成长，促使他意识到你的付出和发展需要，从而更深入地考虑你的加薪申请。

3. 结束阶段

（1）得到解决方案

在关键对话结束前，我们要得到一个"解决方案"。好的情况是，我们得到了自己想要的结果，那么，我们就可以用简单的言语来总结我们此次关键对话的成果，并和对方做二次确认。坏的情况是，关键对话没有达成我们最初预设的目标，即使这样，我们也需要为下一次沟通提前埋下伏笔，而不是不了了之。比如，假设经过一系列对话后，你的老板对当下给你加薪还是有所顾虑，这时，你不妨基于对方的立场去思考，提出一个折中的方案。比如，主动说："我明白目前的预算情况有所限制，如果现在加薪确实不太方便，那么在下一季度的绩效评估中，我们可以一起重新讨论。"这样的表达方式既体现了你对老板的现实困境的理解，又为双方提供了一个可以共同努力的目标。

（2）明确的行动承诺

结束对话的另一个关键在于"明确的行动承诺"。设想一下，在家庭成员间的关键对话中，你的伴侣说希望你能多分担一些家务，如果你只回答"好，我会多分担"，这就是一种无效的反馈。行动承诺需要体现具体细节，比如"从这周开始，我负责洗碗"，这种具体的行动承诺不仅表明了你对对方需求的重视，也将抽象的"分担"变成了可以看得见的行动。对方在听到这样明确的分工时，就能够感受到你是真心愿意付诸实践的，信任自然也会随之增长。

当然，每个人的情况都不尽相同，以上关于关键对话的流程梳理也只是一个参考。希望通过预设，我们能更从容，避免因为预期之外的反应而措手不及。在我看来，这样的准备并不是"策略"，而是一种态度，是希望通过彼此理解达成共识的诚意。关键对话始终是带有即兴色彩的，它们无法被完全预测，这就需要我们在每一个瞬间都保持高度的敏锐和开放。只有在日常生活中不断地刻意练习，我们才能在关键时刻自然地做出准确的即兴回应。

说到底，进行关键对话并不是为了"赢得谈判"，而是想要通过共情找到一条双方都能接受的路。

第六章

学习即进化：
自我领导的持续成长

第一节

被技术颠覆的学习

我们或许都幻想过，如果有一天学习能像玩游戏一样轻松有趣就好了。如今，这一想象已照进现实。一款现象级的语言学习软件正在风靡全球190多个国家和地区，一只可爱的绿色猫头鹰成功俘获了5亿多年轻人的心，让他们每天"上瘾式"地学习外语。人们因它独特的闯关式学习模式彻底"沦陷"，无论是在等车的片刻、排队的间隙，还是睡前的几分钟，总会"刷上几把"，很多人甚至一天不打开这个软件刷一刷就会焦虑。这款软件在2024年时全球月活跃用户已超1.1亿，许多老用户已连续打卡上千天。

这款让人欲罢不能的应用软件正是多邻国（Duolingo），它在2023年获苹果2023 App设计大奖。与其说它是一款学习软件，不如说它更像是一款游戏。多邻国巧妙地运用了多种游戏机制吸引用户的注意力，让知识在不知不觉中进入大脑。其独特的闯关模式、成就系统、连续打卡奖励和好友比拼排行榜，让学习变得充满乐趣和竞争。通过实时分析用户的语言学习基础、习惯和表现，系统会智能调整课程内容和难度，确保无论是初学者还是已有一定基础的学习者，都能找到适合自己的学习路径。此外，多邻国研发的多邻国英语测试（Duolingo English Test，DET）通过 AI 技术赋能，已经获得全球超过 5500 所院校的认可，其成绩可作为英语语言能力的国际证明，用于留学申请等领域。

多邻国的成功让我们看到，以往的学习方式正在发生翻天覆地的变化。

技术对学习方式的改变

从早期的多媒体教学到如今的智能化和沉浸式学习体验，技术逐步改变了传统的学习模式，带领我们进入了一个全新的"智慧学习"时代。

还记得我上小学时，学校引入了第一批投影仪，同学们听说后都沸腾了，兴奋地看着老师在大屏幕上展示彩色图片、播放视频。多媒体技术的引入改变了过去单调的学习方式，让知识不再局限于纸质书本。文字、音频和视频的结合不仅激发了我们学习的兴趣，也让那些我们从小背诵的诗词歌赋变得更加生动。过去，当我们背诵"君不见，黄河之水天上来"时，只能靠想象去体会黄河的壮阔，现在，每首诗词在网上都有它的"专属视频"，只需轻轻一点，我们就能直观地感受到黄河"奔流到海不复回"的磅礴气势。

不仅如此，今天的多媒体技术早已不再局限于图像和音视频的范畴。当我们戴上虚拟现实（virtual reality，VR）头戴式显示设备时，就可以瞬间穿越回历史现场，感受两河流域的文明智慧，感受古埃及金字塔的神秘；还可以同先秦诸子畅谈，跨过秦砖汉瓦，重观盛唐的辉煌之势……VR 技术让我们不再仅依靠书本上的文字描述，而是置身于历史与知识的海洋中，真正实现了"身临其境"地学习。

技术对学习方式的赋能彻底打破了时间和空间的限制。我们今天或许对在线课堂带来的好处已经司空见惯，如果我们顺着时间轴向前看一点儿，就会发现，在线课堂的出现也不过是不久前的事情，在线教学真正大规模地推广，其实是在新型冠状病毒肺炎疫情期间。尽管那时我们无法走出家门，但学习并未因此停滞。各类在线会议平台成为临时课堂，原本需要在学校才能学到的课程，如今都可以通过屏幕轻松学习。技术不仅让知识的获取变得更加便捷，也让我们实现了随时随地的学习自由。

与此同时，AI 技术的发展也彻底改变了师生之间的传统供需关系。过去，一个老师通常需要面对十几个甚至几十个学生，能给予每个学生的关注和指导非常有限。如今，这一局面已被颠覆，每个人都可以拥有属于自己的 AI 私人学习系统。一个学生可以对话无数个 AI 老师，这些 AI 老师能够通过算法敏锐地捕捉到学生的学习盲点，并根据其学习水平和兴趣，为学生量身定制个性化的学习计划，确保学生始终以最佳节奏不断进步。

这些关于学习的变革，不禁让我回想起了 2015 年我在英国曼彻斯特大学上"教育技术"课程时的场景。当时我们的行动小组还在一起讨论未来学习方式的可能性，没想到 10 年后，那些设想皆已经成为现实。技术的力量不仅打破了学习的时间和空间限制，还让全球无数的学习者，无论身处偏远的乡村还是繁华的都市，都能获得顶尖的学习资源。

知识变得唾手可得

亚历山大图书馆是世界上最古老的图书馆之一，被誉为古代知识与文化的宝库，收藏了大量珍贵的手稿和文献，知识内容涵盖了当时几乎所有已知的学科。那时，建造这座图书馆的初衷是汇聚全人类知识的精华，它象征着人类对知识的无限追求。如今，我们手中的电子设备已经成为我们的随身图书馆，其所能承载的信息量也早已远超当时的亚历山大图书馆。全球每天生成的数据和信息量之大，已经无法用传统的图书馆来承载。这些无不证明，在信息时代，技术的力量已经彻底地改变了人类获取、存储和分享知识的方式。

这样看来，学习似乎变得比以往任何时候都更为轻松了。曾经需要我们投入大量的时间与精力才能获取的知识，现在仿佛唾手可得。一键搜索的数据库也在给我们传递一种错觉：只要链接到网络，就可以随时拥有答案，我们可以瞬时接触到几乎所有领域的前沿信息。这种信息的即时性让我们产生了一种奇怪的安心感——知识好像突然变成了一种我们可以随时取用的公共资源。

从前学习主要靠别人教，知识需要以书本为媒介完成传授。如今，知识可以通过多种方式进行存储、传播、讲述，甚至可以不依赖传统的教师角色，仅靠自学就能获取。

此外，我们过去可能需要十年寒窗苦读才能掌握的内容，如今，AI 可能只需几天甚至几小时就能完成建模和分析。人类似乎已经不再是最会学习的物种，算法正在各个知识领域挑战着我们曾经的独特。

举个简单的例子，我们需要通过数十小时的驾驶训练才能熟练掌握复杂的驾驶技能，而 AI 通过大量数据训练和深度学习，只需很短的时间便能在路况识别、应急反应等方面达到甚至超越人类驾驶员的准确率。自动驾驶系统不仅可以在极端环境下迅速做出反应，还能够实时分析无数变量，避免人为失误导致的危险。

那么，问题来了：当 AI 比人类的学习效率更高时，我们还有必要学习吗？

我们为什么学习

关于我们是否还有必要学习这个问题的答案毋庸置疑：我们依然需要学习。

虽然 AI 的学习速度看似远远超过人类，且表现得全知全能，能够在几秒内解答各种问题，但至少在现阶段，AI 是无法创造新知识的。它所学习的都是人类已有的知识，它的学习方式也是在模仿人类的学习方式。

现实中，人类的学习远远不只关乎信息的输入与记忆的存储。我们拥有获取、总结和提炼知识的能力，并能够从中创造出新的方法和理论。我们能理解复杂的抽象概念，并能将这些抽象概念转化为具体的行动。即便在 AI 非常擅长的快速识别方面，现代算法的效率仍然远远低于人脑。比如，幼童可以轻松分辨出小狗，AI 却可能将小狗错误地识别为曲奇饼干。这是因为，人类能够凭借直觉、情感和经验快速做出判断，而 AI 要依赖庞大的数据集和统计模型进行处理。

另一个例子来自认知科学家侯世达的研究：当人类看到一个稍微歪斜或形态扭曲的字母 A 时，依然可以迅速识别它，AI 却容易混淆。这种对细微差异的灵活处理正是人类学习能力的独特之处——在复杂情境中做出抽象化的理解和判断。

虽然 AI 在某些领域能以惊人的速度学习，但它始终依赖于人类已有的知识体系，而人类可以不断地拓展知识的边界。这也引出了一个人类与 AI 更深层次的区别：虽然 AI 可以模仿人类的学习，但它并不具备"可教育性"（educability）。

人类的可教育性

图灵奖得主、哈佛大学教授莱斯利·瓦利安特（Leslie Valiant）在其新书 *The Importance of Being Educable*（《可教育的重要性》）中提出，人类之所以能发展出复杂文明，是因为人类具有一项独特的能力——可教育性。

2024 年，瓦利安特教授获得了基础科学终身成就奖，并在此之后受邀来到北京耶鲁中心举办了一场学术讲座，我也有幸当面向他请教了人类可教育性与机器学习的问题。瓦利安特教授当时已 75 岁高龄，但依然精神矍铄，尽管他在计算机科学领域取得了诸多成就，却仍保持着对知识的谦卑与探索精神。他告诉我，虽然 AI 能够通过算法模仿和处理海量信息，但它不具有"可教育性"。可教育性的三种能力分别是，从经验中总结出更广泛的认知体系；将从经验中获得的认知体系整合起来；从他人的经验中获取知识。

人类之所以能进化成最高智慧的生物，不仅仅是因为物竞天择。与其他动物相比，我们不是最强壮的，没有最锋利的牙齿，没有最强健的体魄，更没有翅膀。但是，我们的独特之处在于，我们不仅可以吸收知识，还可以反思、重构并创造新的知识体系，并将这些知识传递给下一代。

学习，是我们独特的进化密码。在动物界，学习大多基于直接的经验传递。无论是猎豹学会捕猎技巧、小鸟学习筑巢技能，还是小猴子通过观察群体中其他猴子的行为学会拿东西，它们都无法突破物种固有的限制。我们的祖先在偶然的情况下发现火后，就开始主动地学习如何"使用"火了。学会使用火后，他们也并没有止步于取暖和烹饪，而是继续探索有关火的性质，发展出了金属冶炼等技术。

每一种文化，都是通过人们的学习而被记录、传承并延续的。从最初的语言和工具，到如今复杂的科技与社会体系，人们不断将个体学习经验扩展为群体知识积累，形成跨越时空的文明传承。在学习之下的语言、文字、艺术、科技等媒介，使我们能够跨越时间和空间，构建复杂的社会体系。

人类未来该学什么

从前，我们的学习总是带着某种功利性。小时候，谁学得更多，谁就能获得所谓的"比较优势"，学习或许就是为了有出息；随着我们进入职场，学习变成了提升竞争力的手段，开始与升职加薪挂钩，学习多少也决定了我们能否在社会中站稳脚跟。如今，技术为我们消除了更多的信息差，或许，现在是时候去享受学习本身的乐趣了。

不再为了单纯的外在回报而学习，站在个体的角度看，未来的学习应该是精准和深度的。技术虽然为我们带来了前所未有的学习机会，却让学习变得碎片化和浅薄化。能快速获取信息固然是优势，但如果我们失去了深入探究的耐心和能力，那么学习的真正价值又在哪里呢？

倘若我们未来只能学习一门学问，你问我最该学什么，是基础学科还是前沿科技？我想，最值得去学习的就是——如何学习。如果说每一代人都是站在前人的肩膀上进行学习、传承和创造的，那么，从今以后我们更要站在 AI 的肩膀上去学习。

第二节

站在 AI 的肩膀上，学习如何学习

领导者的跨领域学习能力

优秀的领导者未必在每个领域都是专家，但他们大多具备横向跨领域学习的能力。这种能力让他们能够快速进入陌生领域，抓住关键逻辑，并找到不同知识之间的连接点，从而整合资源，推动目标达成。

以优秀的电影导演为例。他们或许并非摄影专业出身，却能和摄影师深入对话，把镜头语言调整到精准表达情感的角度；他们未必做过演员，却能够为演员的表演细节提供指导，引导对方展现更深层次的潜力；他们也不是专业的剪辑师，却能为影片的节奏和氛围设定明确的方向。真正优秀的导演懂得学习并理解团队中每个领域的核心语言和逻辑，且能将这些独立的部分整合成一个有机的整体。这种跨领域学习的能力，是领导者高效统筹复杂事务的基础。

跨领域学习的核心在于掌握"如何学习"。然而，这种能力往往不是与生俱来的，而是需要有意识地培养和锻炼。

回想一下我们的学生时代，数学老师教过我们快速解方程式的技巧，英语老师让我们背熟阅读理解和完形填空中用到的固定搭配，历史老师用顺口溜帮我们记住涉及那些大事件的年表……但好像从来没有一位老师专门教过我们该"如何学习"，也就是如何将所学的知识内化为解决实际问题的能力。我们的学习似乎始终都是在奔向一个目标：提高考试成绩。至于学习过程中最关键的那些东西——如何主动探索、思考、理解、消化，却总是在追逐成绩的过程中被忽略。

2024年热播的综艺节目《喜人奇妙夜》中有一个小品——《再见老师》，场景是演员于莎莎饰演的女学霸在教师节回到母校看望老师。曾经的她是班里的佼佼者，但步入社会后，她在生活和工作中屡遭挫折，面对种种难题手足无措，最后，她甚至只能通过做几套试卷寻求安慰，试图回到属于她的舒适区。这一幕让人会心一笑，却也让人感到一丝无奈和辛酸，因为这很像许多人的真实经历。

"学习"，就像一位熟悉的陌生人。从幼儿园到大学，再到职场，它贯穿我们的一生，但又难免让我们对其感到麻木。如果我们不懂得如何真正学习，哪怕拥有再多的信息，我们可能也无法将它们内化成真正的知识，再将它们变成属于自己的智慧。而这种不会学习的困境，会让我们在 AI 时代的知识焦虑更胜以往。

信息、知识与智慧

技术虽然改变了学习的方式，却从来没有改变学习的本质，那就是将信息转化为知识，并进一步内化为智慧的过程。要掌握"如何学习"，关键在于理解信息、知识和智慧三者之间的区别和联系。

信息，是学习的原材料，是指那些未经过处理的、分散的事实、数据和符号。因为未经处理，所以它们本身并不具备太多的意义。只有经过人类的分析和处理，信息才能成为有用的内容。阅读一本书、观察一个现象、收集原始数据，甚至看一个短视频，这些都属于获取信息的过程。

知识，是在获取信息的基础上，经过分析、归纳和理解后形成的系统化、结构化的内容。它能帮助我们解释现象、解决问题，赋予我们逻辑推理和决策的能力。知识使我们理解事物之间的因果关系，逐渐形成对世界的系统性认知。

智慧，是知识的进一步升华，它涉及对知识的积累和理解，是一种在复杂的、不确定的环境中看透事物本质的能力。正如老子所言，"知者不博，博者不知"，智慧不仅仅依赖于知识的广博，还关乎将复杂的问题简单化、抓住核心的能力。智慧也体现在对大局的把握以及包容不同思维方式的能力上。

如果我们理解了学习的本质是从信息到知识再到智慧的渐进转化，也就等于抓住了学习的关键，即专注于两层核心转化——"从信息到知识的转化"和"从知识到智慧的转化"（见图 6-1）。这不仅是提升学习能力的路径，更是通向真正理解与创造的桥梁。

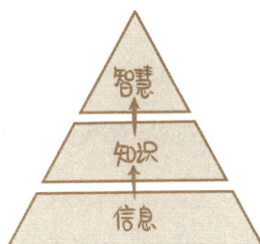

图 6-1　学习的本质

第一层转化：从信息到知识的转化

要想真正掌握"如何学习"，首先必须要学会有效地将信息转化为有用的知识。这一过程的关键在于如何获取、记忆和组织信息，而不是让自己被海量的碎片化内容湮没。

1. 信息的获取：如何找到优质信息

在当今信息爆炸的时代，信息的"过载"和"失真"成为我们学习中的痛点。过去，信息可能是稀缺的，今天，我们面临的是信息过剩的挑战，真正稀缺的，是优质的、可信赖的信息。每天，我们都会在有意识和无意识中接收到无数信息，包括一些碎片化的二手知识。这些知识被简化、重新组合，虽然它们让学习变得更高效，但与此同时，我们也需要注意，快速"消费"别人咀嚼过的内容，可能会让我们错过深入学习的机会。

对我们来说，回到知识的源头是必要的。尽管阅读原创作品和经典文献的难度较大，但是它们能为我们提供更深入、全面与准确的信息。面对这些"原汁原味"的内容，我们可能会觉得理解起来有些吃力，阅读速度也可能非常缓慢，但恰恰是这种"慢"，反而能让我们更有效地掌握知识的核心，真正做到内化和沉淀。

在"知识快餐化"时代，我们必须保持清醒的判断力。任何经过简化的知识，都不可避免地带有作者的意图和偏见。为了确保我们对这些知识有全面的理解，我们可以通过查阅不同来源的材料、对比不同作者的观点和逻辑，找出共识和分歧，进而多角度、更全面地理解一个问题。这种对比式学习，不仅能防止我们陷入单一思维的陷阱，还能帮助我们更好地掌握复杂的知识结构。

其间，批判性思维始终是信息筛选中不可或缺的一环。面对层出不穷的信息和观点，我们要质疑其来源的可靠性、其背后的动机以及其应用场景的合理性。仅仅接受别人提供的答案远远不够，我们需要通过自己的理性分析判断信息的价值，从而形成更独立的思考方式。

幸运的是，技术也为我们获取优质信息提供了新的方式。比如，利用智能搜索引擎，通过语义分析，我们可以快速筛选出高质量且与学习目标相关的内容；对话式 AI 工具则可以在我们处理复杂问题时提供清晰的结构化思路，协助生成初步的内容框架；还有一些文献管理软件，可以支持我们整理、存储和组织大量的学术资源，专注于真正有价值的内容。

2. 信息的记忆与存储：有效记笔记

在学习过程中，很多人都会面临的另一大痛点就是"记不住"，一旦接收的信息增多，就总感觉脑子不够用，思绪混乱无序，甚至恨不得像电脑一样给自己加个超大内存条。

解决"记不住"的问题，其实有很多方法。市面上有各种关于记忆法的图书，教我们如何快速、高效地记住信息。我个人推荐的是最原始却非常有效的方法——记笔记。俗话说，"好记性不如烂笔头"。但只是记笔记还不够，关键在于如何把笔记记得"有效"。

有的人会把笔记记得非常精细，满是标记和五颜六色的重点，等到回过头来再看时，却发现自己依旧没记住任何要点。其实，记笔记的真正目的不是简单地记录，而是通过组织和加工信息，帮助我们更好地理解和记忆。因此，笔记的"量"并不重要，重要的是如何有效地提炼出关键信息，并将其有条理地整理出来。比如，康奈尔笔记系统就是一种非常实用的方法，它将笔记分为不同的区域，帮助我们更清晰地梳理和组织内容，强调对信息的主动加工，而不是机械地抄录内容。这样记笔记的方式，不仅能帮助我们更好地理解知识，还能帮助我们显著提高记忆的效果。

随着纸笔使用的减少，我们也更加习惯用电子笔记去记录东西。电子笔记的优势在于我们能够随时随地记录和整理信息，并且具备更多的功能，如自动提炼和分类。我们可以尝试使用一些智能笔记工具，如 Notion 和 Goodnotes，帮助我们从文章中自动提取核心要点。这些工具不仅能节省我们的时间，还能根据主题和关键词进行分类整理，大大简化了我们从海量信息中筛选关键信息的过程。更重要的是，电子笔记相当于帮助我们建立了一个更加系统化的知识库，方便我们检索和调用。

第二层转化：从知识到智慧的转化

从知识到智慧的转化，是关于学习的第二层转化，也是更为深层的内化过程。只拥有知识是不够的，更为重要的是能够将这些知识转化为智慧，也就是能够将知识灵活应用于现实生活和工作。这是一个质变的过程，需要我们在学习的过程中不断进行系统化的思考，深化认知，从而真正掌握解决问题的能力。

1. 构建知识图谱：将知识体系化

信息转化为知识的关键在于，如何将新信息有效整合进已有的认知体系，形成结构化的知识网络。大多数人学了不少知识后仍无法形成自己的方法论，这是因为他们在吸收新知识时，无法将其与旧知识建立联系。知识的价值不仅在于储备，更在于彼此关联、互为支持，进而在我们的认知系统中形成一套完整的框架。

我们可以将这一过程看作一棵"认知树"的生长过程：认知树的树干是基础原理和核心概念，支撑起我们对世界的理解；新知识就像树叶，只有当它长在已有的树干上，与旧知识自然融合时，才能成为认知体系的一部分；那些我们已经深度内化的知识，就是树的根基。

"源浚者流长，根深者叶茂。"一个稳固的认知根基能让我们从不同领域的知识中提炼出基础原理，帮助我们在复杂多变的情境中灵活应对，实现真正的融会贯通。通过构建知识图谱，我们不仅能够将分散的知识点串联起来，从"碎片化"到"系统化"，还能够提升自己解决问题的能力。

在构建知识图谱的过程中，我们可以使用如 Xmind、MindMeister 等思维导图工具，它们通常非常有效。这些工具可以将复杂的知识结构以可视化方式呈现，通过画图形、标颜色等手段，将抽象的知识具象化，帮助我们厘清思路、强化记忆。我们在构建图谱时，通常是从核心主题出发，再逐步展开，将细节融入整体框架。这种方法让知识体系一目了然，便于我们快速调取和灵活运用知识。通过运用这种方法，我们就可以在面对问题时快速匹配到相应的知识资源。

知识图谱的真正价值，除了帮助我们构建系统化的学习框架，还在于拓展我们的跨领域思维能力。不得不说，有时候，跨领域思维能力也是开启智慧的钥匙。历史上，有许多伟大的人物都展现了这一能力。比如，我们熟悉的画家列奥纳多·达·芬奇（Leonardo da Vinci），他留下了《蒙娜丽莎》和《最后的晚餐》等艺术史上不朽的经典画作。而他还绘制过人体结构图、设计了早期的飞行器模型，并且构想出可以发声的机械装置等，他的贡献跨越了建筑学、数学、解剖学、物理学、工程学等多个领域。我们熟悉的电气工程师尼古拉·特斯拉（Nikola Tesla），他不仅发明了交流电系统，彻底改变了世界的电力传输方式，推动了现代电力革命，还设想了无线通信和全球电力传输的未来，预见了科技的发展方向……

我们可以看到，他们取道的方式可能各不相同，但最终殊途同归——获得了超越单一领域的智慧。以上这些也是在告诉我们，真正的智慧往往不局限于对某一领域的深入研究。我们需要打破学科的边界，将不同领域的知识融会贯通，形成更完整的世界观和跨越学科的真正智慧。

2. 元认知：建立学习的认知回路

禅宗的"看山是山，看水是水；看山不是山，看水不是水；看山还是山，看水还是水"就揭示了信息、知识与智慧之间的转化关系。

在信息层面，事物以其本然的状态呈现在我们眼前，我们往往相信眼前所见就是现实，"山就是山，水就是水"。当我们进入知识层面，开始探寻信息背后的意义时，事物的面貌便发生了变化，在此阶段，"山不止山，水不止水"，山中或有林，水中潜有鱼，我们开始理解事物的复杂性与多样性，认知逐渐深化。最终，在智慧层面，我们可以超越信息和知识的表象，达到返璞归真的境界，能够从纷繁复杂中提炼出简单而深刻的真理，所以，"看山仍是山，看水仍是水"。

这种"看山水依旧"的能力，正是元认知（metacognition）的体现。元认知这一概念最早由美国心理学家约翰·弗拉维尔（John Flavell）在 1976 年提出，它是指个体对自己思维和学习过程的监控与调节。通过元认知，我们能够在不同的层面上理解同一事物，最终实现对事物更深刻的洞察。

简单来讲，元认知就是"对认知的认知"。"学习如何学习"本身就是一种元认知的体现。在学习过程中，我们能理解知识点背后的意思，这是认知在发挥作用；在学习过程中，我们知道自己的理解能力到了什么程度、是否还能提升，并尝试提升，这就是元认知在发挥作用。元认知是对我们认知方式的追溯，也是对监控和调节这一过程本身的监控和调节。

在我们的学习过程中，知识是不断累积的，但这些知识能否真正融入我们的思维，成为解决问题的智慧，取决于元认知能力的发挥。就像一个优秀的 AI 模型在训练时需要不断调整参数和优化策略以获得最佳结果，元认知让我们能够对学习路径进行自我监控和动态调整。通过元认知，我们不仅能知道自己学到了什么，还能知道自己为什么学、怎么学得更好，这是从"知其然"到"知其所以然"的过程。换句话说，元认知使我们能够以第三人称视角去观察和理解知识。

掌握元认知能力的关键在于学会理解与掌控学习中的认知过程，建立一种认知回路或学习的反馈机制，以便更有效地学习和成长。元认知能力是一种贯穿学习全过程的动态调整能力，它发挥作用的关键在于对学习状态进行实时"体检"。在元认知的实践中，自我监控能力至关重要。这种能力能让我们在学习时停下来，检查自己的理解和吸收情况，确保自己走在正确的轨道上。我们可以进行以下"三阶段反思"练习。

- 学习前，问自己："我想学什么？"这个简单、直接的问题有助于我们集中精力，避免在学习过程中感到盲目和分散。

- 学习中，问自己："我理解了吗？我有没有遇到障碍？"我们要在学习中随时保持觉察，观察自己的理解程度。如果发现某个概念难以理解，就可以主动暂停，查阅资料或换个思路，以确保自己能掌握核心内容。

- 学习后，问自己："我还需要巩固什么？"这个问题可以帮助我们回顾学习内容，找到需要进一步理解的知识点，并为下一次学习做好准备。

王国维先生在《人间词话》中以诗词比拟人生："'昨夜西风凋碧树，独上高楼，望尽天涯路。'此第一境也；'衣带渐宽终不悔，为伊消得人憔悴。'此第二境也；'众里寻他千百度，蓦然回首，那人却在，灯火阑珊处。'此第三境也。"这何尝不是我们学习的三个阶段：迷失有时，坚守有时，收获亦有时。知识永远在推陈出新，唯有智慧让我们不断靠近真理，一步步抵达人生至境。

第三节

终身学习，不只是一种习惯

你听说过知识也会"过期"吗？就像食物有保质期一样，我们今天所掌握的很多知识，随着时间的推移，可能会被更新、修正，甚至被完全推翻。那些曾被视为权威的理论，也会因新的发现而不再适用。即便是被我们视为"公理"的一些知识，也可能在发展中暴露出局限性。例如，早期科学家认为原子是不可再分割的最小单位；我们曾相信地球是宇宙的中心；冥王星过去一直被认定为太阳系的第九颗行星，但 2006 年它被降级为矮行星。这些曾经被广泛接受的"事实"都已被修正或推翻，如此看来，科学并非一成不变。

知识的更新速度之快在今天的科技领域更是体现得淋漓尽致。还记得二十世纪八九十年代的 IT 行业吗？那时，精通某种编程语言几乎就是拿到金饭碗的同义词。然而，随着技术的迭代，这些"语言"被淘汰的速度也让人瞠目结舌。世界不断在以它的方式提醒我们——不能停下学习的脚步。

知识也有"半衰期"

哈佛大学研究员塞缪尔·阿贝斯曼（Samuel Arbesman）在他的著作《失实：为什么我们所知道的一切，有一半可能都将是错的》中参照放射性元素衰变的现象，提到了一个概念——知识半衰期。他指出，随着科技的进步和科学探索的加深，曾经被视为真理的知识，可能有一半会在未来被证明是错误的。这就意味着学习并不是一劳永逸的，知识的寿命也是有限的。如果一个人在某一领域内停止学习，经过一定时间后，他所掌握的知识就会进入半衰期，即基础知识可能依然有效，但他所掌握的知识中的许多新知识已经过时。

知识的更新速度因领域而异。据测算，现代社会中，物理学知识的半衰期大约为 13 年，经济学知识的半衰期约为 9 年，数学知识的半衰期约为 9 年，宗教知识的半衰期为不到 9 年。换句话说，几乎每个学科的知识都在不断"新陈代谢"，旧的知识被淘汰，新的知识涌现。即便有些人在某一领域内极具学识或拥有丰富的专业背景，如果不持续学习，也可能很快就会发现自己掌握的知识已经落后于时代。

因此，持续学习和保持对新知识的敏锐，才是应对这个快速变化时代的关键。只有不断更新自己的知识体系，才能应对知识半衰期带来的挑战，真正适应时代的发展与复杂的变化。

被动学习与主动学习

从我们出生开始，学习就伴随着我们人生的每一步。在成长的早期阶段，学习大多是被动的。婴幼儿时期，我们通过观察和模仿，潜移默化地了解周围的事物，许多技能和知识并不需要刻意去学，而是自然习得。当我们进入学校后，学习开始变得系统化和结构化——老师传授知识，课程设置固定，我们遵循既定的课程计划，通过听课、做作业和应对考试获取知识。被动学习是由外到内的，这种外部驱动的学习方式帮助我们构建了对世界的基本认知，成长的早期阶段是我们打下学习基础的重要阶段。

然而，随着我们步入成年，情况却发生了变化。社会不再为我们提供固定的课程，也没有老师为我们量身定制学习计划。这时，主动学习变得至关重要。与被动学习的等待知识输入不同，主动学习是一种自我驱动的学习方式，是由内到外的，动力源自我们内在的兴趣与需求，兴趣与需求使我们自己主动去发现问题、寻求答案。

主动学习能通过促使大脑进行更深层次的信息加工，将信息转化为更牢固的长期记忆。这个过程除接收信息外，还涉及理解、分析和重构信息。与被动学习相比，主动学习是在激发我们的大脑去寻找信息的内在关联，继而将知识转化为自己的认知结构。这种过程更像是在创造性地"建构"知识，促使我们主动发现意义，并在脑海中形成清晰的知识图景。

终身学习的关键：从被动切换成主动

终身学习的真正核心在于掌握主动学习的能力。只依赖被动学习我们无法应对这个瞬息万变的世界，只有主动学习能帮助我们预测未来的趋势并让我们提前做出应对。

在成年之前，我们所处的学习环境是相对有序且稳定的，学习的目标、方式和节奏大多由外界预设。被动学习帮助我们搭建了理解世界的基础架构，但这种学习方式的局限性在我们进入成年后开始显露。步入社会后，复杂的现实不再为我们提供标准化的学习路径。此时，工作环境、社会变革和技术进步都在不断迫使我们更新自我，这就需要通过我们主动学习来应对。

从被动学习向主动学习的转变，是我们成年后真正持续成长的关键所在。试想，你在耄耋之年，回顾自己走过的路，你问自己最难忘的时刻是什么时刻，我想答案肯定不会是那些傻傻地等在原地、被淘汰出局的时刻，而是你主动学习、迎接变化的每一刻。有时，时代如果想要抛下我们，会连一声告别都没有。那么，与其等"风"来，不若追"风"去。

好奇心是最好的老师

好奇心是人类学习的核心驱动力，也是我们终身学习路上的充电站。当我们对身边的一切都充满好奇时，我们的学习之路就会变成一款无限探索游戏，始终有新的领域等待我们去发现。

好奇心可以理解为一种自我情绪因素。一般情况下，在我们的认知中，学习应该是一件"纯理性"的事情。但在现实生活中，我们不是纯靠理性学习的。《人是如何学习的：大脑、心理、经验及学校》一书中提到，经研究得出，学习是认知性的，也是非认知性的。也就是说，如果我们根本不相信自己所学的东西，那么我们就不可能学得会。这就好像一台机器既需要润滑油也需要燃料才能正常运行，我们的大脑也是一样的，既需要理智也需要情感才能保持高速运行。

所以，请像小孩子一样，守护住自己对世界的好奇心。

以用促学，实践驱动学习

学习的最终目的是应用，应用则是最有效的学习方式之一。以用促学，是将所学知识转化为实际能力的重要路径。

相比于被动接受知识，实践能够更深刻地激发我们的内在学习动力，这种学习方式可以被称为"实践驱动的学习"。心理学家大卫·库伯（David Kolb）的体验式学习理论指出，学习并不是线性的记忆过程，而是通过具体实践、反思总结、形成概念、再应用于实践的循环过程完成的。

以创业为例，我们可能需要学习构建商业计划书的框架、市场调研的方法，甚至融资技巧，如果这些知识仅停留在课堂学习中，而缺少尝试设计产品、与客户沟通调研或向投资人展示项目等实践，那么学习这些知识就成了"纸上谈兵"。以用促学是围绕实际需求展开的：干什么就重点学什么，缺什么就重点补什么，让学习回归实践，学习才更具针对性、积极性和持续性。

只要开始学习，什么时候都不晚

过去的学习，让我们成为此刻的我们；持续地终身学习则是让我们实时塑造全新的自己。尽管我们已经意识到终身学习的必要性，但许多人可能依然会有疑惑："我还能学习吗？现在开始会不会太晚？"

别担心，科学早已经给出了答案：终身学习是一次没有终点的旅程，无论我们在人生的哪个阶段开始学习都不算晚。大脑的可塑性，即神经可塑性，就是这一切的关键。按照我们固有的认知，我们可能会认为大脑在青少年时期就已经定型，成年后是不容易再学会什么的。但请注意，这也是一个过时的结论，现代脑科学的研究推翻了这一传统认识。事实上，大脑是可以随着环境、学习等进行不断重塑与调整的，这意味着无论我们年龄几何，只要我们愿意学习，大脑就会为我们"重新布线"。大脑不是一个固定不变的器官，而是一个永远可以被重塑的"奇迹工厂"。持续的认知活动和学习可以帮助大脑保持健康，并显著降低认知退化的速度。无论在什么年龄段，神经元都可以通过学习和训练建立新的连接。科学研究显示，即便是七八十岁的老人，通过不断学习新知识和技能，大脑中的神经元也依然可以活跃起来。所以，过去我们认为"老人学习新技能很难"也是一个"过期"的知识点。

大脑的可塑性不仅限于年轻时期，而是贯穿我们的一生，我们的每一次学习都会使神经元之间的连接更加紧密。也正是这种"神经可塑性"构成了我们终身学习的生理基础。换句话说，大脑永远不会抱怨我们学习得太晚，因为它始终准备着与我们共同进化。

那么，学习的最佳时机是什么时候呢？答案很简单：就是现在。无论是激昂的少年阶段，还是稳重的中年阶段，抑或睿智的老年阶段，每一个阶段都有它独特的学习优势。年轻时，我们精力充沛，学习速度更快，是吸收新知识的黄金时期；中年时，经验与知识的积累让我们的学习更加有深度和广度；老年时，丰富的人生阅历和对事物的深刻理解，则赋予了学习更深层的意义。学习，从来没有所谓的"太迟"，每一个阶段的学习，都能为未来铺设新的可能。

　　我们经常被年龄绑架，觉得自己错过了最佳的学习年龄。但如那句我们耳熟能详的话所说："种下一棵树最好的时间是十年前，其次就是现在。"如果我们今天还不开始学习，十年后的我们依然会面对同样的遗憾。所以，不要再犹豫现在开始学习是不是太晚，不要再纠结于过去错失的机会，因为每个当下都是一个新的起点。

　　人生本就是一条没有返程的单行路，生老病死皆不可逆。而在人生的旅程中，我们最不该放弃的就是终身学习！

第七章

以自我为法：
自我领导的变与不变

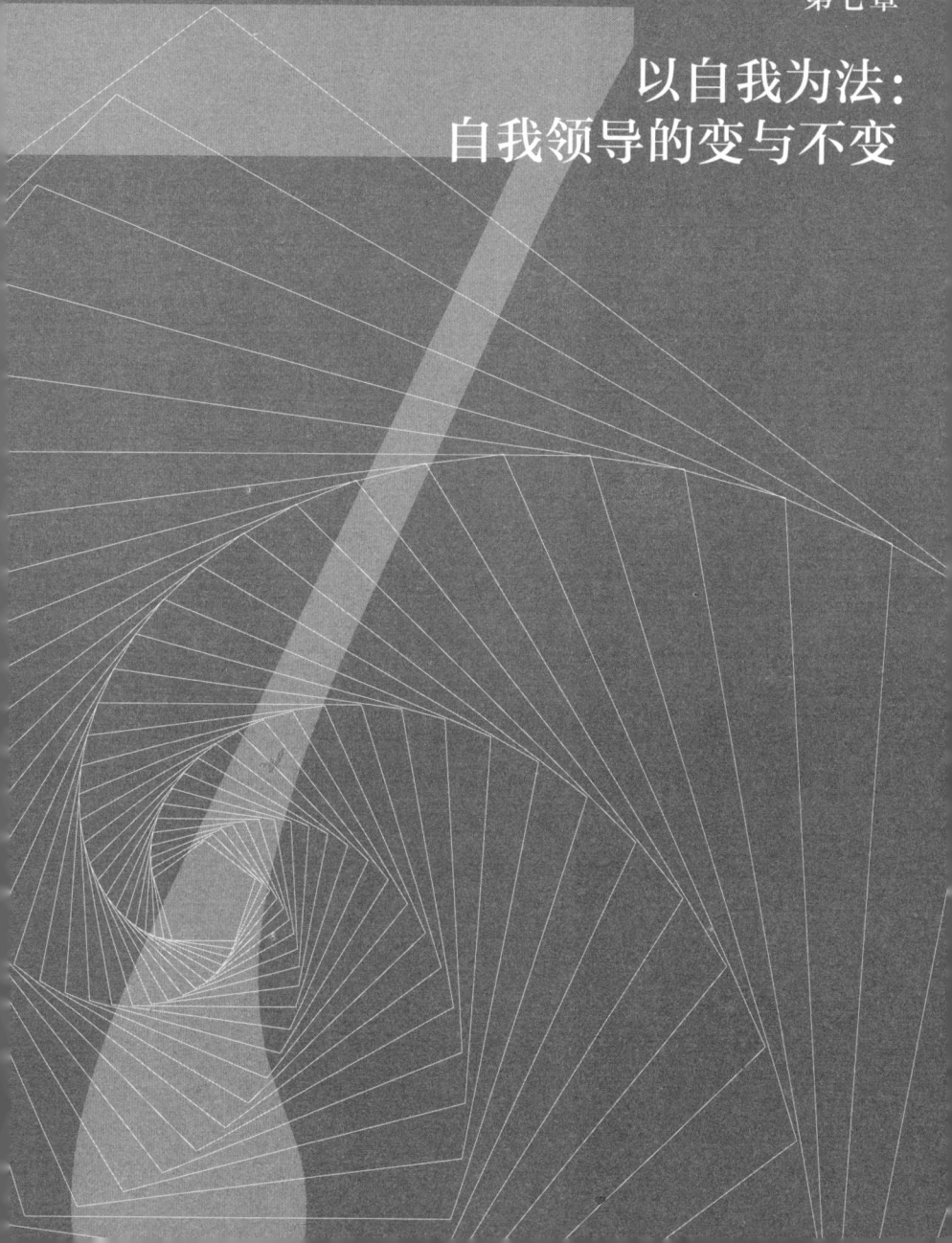

第一节

重建内在秩序

失控的秩序

身处瞬息万变的时代洪流中，我们时常感到自己正在被淹没，渐渐迷失在喧嚣与不安之中。

黑天鹅[①]的故事频繁上演，而与之相伴的是更多的灰犀牛[②]的故事。我们不曾预料到的变化正接连出现：一方面，超越人类想象的科技，如人工智能、生物工程等正在迅猛发展；另一方面，威胁人类存亡的气候危机、能源短缺、流行疾病的恶劣影响也在不断加剧。除此之外，全球政治局势动荡不安，原本应凭借人类智慧而避免的战争与经济问题，却因利益纷争愈演愈烈。

无论是技术革命带来的颠覆，还是环境与社会的深刻危机，

---

① 指有极端影响、发生概率极低且不可预测的突发事件。

② 指大概率发生且潜在影响重大的显性危机，因长期被忽视或应对迟缓而最终演变成灾难。

这些外界的巨变无时无刻不在提醒我们——世界正变得越来越不可预测。正如凯文·凯利在《失控：全人类的最终命运和结局》中预言的那样，系统的不可预测性和复杂性正迅速蔓延，我们正一步步走向"失控"的边缘。复杂的局势与信息的碎片化让我们难以看清世界的全貌，更无法确认人类的未来究竟是迈向新生还是走向灭亡。

在新旧秩序交替的振荡周期里，每个人都能感受到时代巨大的撕裂感。作为微观的个体，在过去几年里，我们无不在生活的不同层面上经历过切实的冲击。

当外界的变化难以捉摸时，我们会不由自主地感觉自己的生活似乎也开始失控，而自己却好像什么也做不了，什么也改变不了，只能无奈地看着这一切发生。即使知道变化正在到来，却依然束手无策。

跑轮里的仓鼠

时代总有它的宏大叙事，个体则需要面对具体的生活。新世界的秩序尚未建立，大多数人只能选择继续遵循旧日的生存法则，尽管他们内心深处早已厌倦忙忙碌碌、疲于奔命的状态。我们日复一日地匆匆"赶路"，人生似乎只剩下"上班"这一条主线任务，而其他所有重大的人生事件——结婚、生子、看病、送别亲人……仿佛都成了需要在请假中匆忙完成的支线任务。

我们就像被困在永不停转的跑轮内的仓鼠，生活变成了一场没有尽头的赛跑。每一天，我们都希望能跑得更快，期待能够跳出这个无限循环，可是跑轮的转动从未停止，我们也从未真正接近目标，每一个终点都只是下一个起点的倒影。

韩裔德国哲学家韩炳哲对现代人的这种生活状态进行过深刻分析，他将当下这种竞争激烈、压力重重的环境称为"倦怠社会"。在这样的社会里，自由被无形的压力牵引，我们正在被迫进入一种无休止的自我优化循环，追逐所谓的成功，陷入精神内耗与自我剥削。每一分努力都像是在不停加码，却没有带来真正的改变。

在这样的状态下，尽管我们表面上似乎维持着一种秩序，努力应对每天的任务和责任，但我们早已不再是生活的主人，而始终是被外界的期望、社会标准以及消费主义的洪流推着前行。工作时间越来越长，时间和精力被不断挤压；家庭责任让我们几乎无暇自顾，偶尔的自我关怀成为奢侈；在社交网络的无尽滚动中，渐渐迷失了自我。

这种迷失不仅是对外界的屈从，更多的是对内心的放弃。我们误以为，只要解决了外在的压力、完成了外在的任务，生活就会变得简单而轻松。然而，真正的问题在于，我们已经习惯了接受外界的安排，却很少停下来问自己："生活是否仍然在我的掌控之中？"

重建内在秩序

在这个复杂的时代，真正让我们感到无力的，往往不是那些突如其来的外部挑战，而是来自内心深处的"失控感"。

这种失控感的根源在于，我们缺乏对自我的有效领导，因此失去了对人生的掌控。当我们放弃掌控人生的权利时，我们不仅失去了内心的平静，也失去了应对外界无常的能力。我们不再是自己人生的领导者，而是被动接受来自外界的要求和期望，并因此深感无力和痛苦。

这个时代的救赎并不在外界的变化中，而在于我们如何从内在出发，找到属于自己的方向。当外界的失控成为生活的常态时，内心的秩序感就显得愈加珍贵。

真正的解决之道，不是追逐外部的新秩序，而是重新建立个体内在的秩序。这意味着，我们需要一次彻底的"自我重塑"。

重塑不是简单的改变，它需要我们不断打破旧有的认知框架与行为模式，重新构建自我——这正是自我领导的意义所在。通过有效的自我领导，我们能够逐步找到生活的秩序感，成为一个拥有"稳定内核"的人。当一个人的"内核"足够强大和稳定时，他才能在动荡中拥有确定感，进而拥有应对不确定性的力量。

有效的自我领导

世界的确在不断变化，但我们不必因此觉得一切都难以捉摸。当我们开始自我领导时，虽然外界的复杂性依然存在，但我们已经掌握了应对这些挑战的力量与方式。

自我领导，是"由外向内"的回归。这并不意味着逃离现实，而是通过回归内在，重新找到连接自己的方式，是更深层次的自我修复与重建。

真正的力量源自内心，而非外界的认可或世俗意义上的成功。当我们对自我有了清晰的认知，并认同自己的价值观、目标和内心渴望时，那种内在的平静和强大的力量便会自然浮现。

自我领导，是"脱虚向实"的修行。在这个充满竞争的时代，太多人被虚幻的外在标准牵引——无论是社交媒体上的完美形象，还是社会对成功的固有定义，虚幻的目标让人们在追逐的过程中迷失了方向。

我们需要的是，重新回归到生活的本质，停止对虚幻目标的追求，聚焦于那些真正重要的事物——身心健康、良好的家庭关系、个人成长等。自我领导不是要我们做出惊天动地的改变，而是要我们在日常生活的点滴中，逐步找回掌控人生的主动权。

自我领导，是"去伪存真"的探索。我们需要学会积极地自我审视，剥离那些不属于自己的价值观和目标，重新定义什么是真正重要的事。这是一种透过现象看本质的能力，要求我们保持清醒的头脑，具备独立思考的能力和批判性思维。自我领导帮助我们摆脱外界给予我们的标签与期待，看到最真实的自我。当我们能逐渐屏蔽外界的干扰时，内在的秩序感就会慢慢浮现。

做自己的领导者

真正的转变始于"意识"。当我们意识到自己才是生活的领导者，并且愿意承担起领导的责任时，我们的潜力与价值就会在这个过程中逐步展现。

自我领导是内心觉醒的表现，是忠于内心做出选择和行动。这一过程始于"见自己"，通过自我认知、自我激励与自我反馈，我们开始探索内在自我，理解自己的需求、优点、价值观和信念。随着对自身理解的加深，我们将视野扩展到外部世界，即"见天地"与"见众生"。最终，再次回归至"见自己"，带着对自我、他人和世界更深刻的感悟与自己相遇。千回百转之后，我们仍是忠于自己，按照内心的指引往前走。

第二节

自我的蜕变

一个人真正的成长通常并不是沿着直线轨迹发生的，而是螺旋式的。自我的蜕变不是冲动式的飞跃，也不是一蹴而就的显著改变，它是渐进的、持续的，甚至有时难以让人察觉。

在旁人看来，我们似乎并没有什么显著的变化。然而，对自己而言，那种内在的变化是无法忽视的：我依然是我，但已经不再是过去的我。

真正的变化，发生在那些看不见的地方，它让我们在不经意间变得更强大、更从容，能够在外界的无常与变化中找到属于自己的平衡。自我的蜕变是一种内在的修炼，深刻地影响我们与外界的互动。内在自我与外在世界的关系，随着我们的成长而不断调整变化。

自我领导的四重状态

自我领导有四重状态——予我、由我、借我、如我。这四重状态描绘了内在自我的变化。

　　为了让大家更清晰地理解整个蜕变过程，我基于瑞·达利欧（Ray Dalio）在《原则：应对变化中的世界秩序》一书中提出的螺旋模型，稍作改动，以更形象地展示如何通过不断变化，建立起自我领导的内在秩序（见图 7-1）。

图 7-1　自我领导的四重状态模型

第一重：予我，依赖外部评价

　　在"予我"状态中，我们的自我认同依赖于外部评价和他人认同。我们通过社会、家庭、朋友的看法定义自己，从外界的认可中寻求存在感和价值感。我们不断调整自己的行为以符合他人的期待。可以说，在"予我"状态下的自我认同是由外部世界赋予的。

　　这种依赖外部评价的状态使我们容易受到外部环境和他人意见的左右，缺乏内在的独立性。每当外部的评价发生变化时，我们的内心也随之动摇。此时的自我领导显得脆弱，因为我们缺乏坚定的内在认知，容易迷失在外界的变动中。生活中的焦虑、不安和迷茫常常因这种状态而产生。

第二重：由我，内在标准的固守

在"由我"状态下，我们的自我认同表现为以自我为中心，有一套自己的标准。这时，外界的声音似乎无法影响我们，也就是说，一切必须按照我们自己认可的方式进行。无论是在工作中还是在亲密关系中，我们都会传递出"你必须按我说的来"的信号。

我们认为自己是对的，其他人理应顺从。所以，我们会不自觉地去对抗变化，觉得一切变化都可能破坏我们已经建立的秩序。表面上，似乎一切都在我们的掌控之中，但这种所谓的"安全感"使得我们与外界的联系变得十分脆弱。

第三重：借我，从经历中修炼自我

"借我"是指我们可以顺应外界的变化，不论好事还是坏事，都将其作为自我修炼和成长的契机。

中国传统文化中有"借事修人"的智慧，即通过处理事务完善自我。借我，也包含了这一层含义：我们通过借助外界的事物、自然的力量，修炼和提升自己。从表面上看，人生中的种种经历都是在应对外界的挑战和变化。但本质上，这些经历皆是我们修炼自我的媒介。所有的外部世界，最终都要经由我们的内在感知和理解来真正认识，我们要借由"事"，走向内心的清明。无论是工作中的挑战还是生活中的困境，都可以成为我们"借事修己""借假修真"的良机。经历本身不会主动塑造我们，重要的是我们要如何面对这些经历，又能从中领悟出什么。世间万般道理，处理问题的百种方式，其实都蕴藏在人的内心。

第四重：如我，允许一切发生

"如我"的状态代表内心的圆融与自在。在这一状态下，我们不再对外界的变化做出激烈的反应，也不再为自己的局限性感到困扰。我们能够看到一切变化的背后都有其深意，并且能够从容地接受生命的起伏，可以从形相世界中跳出来，允许所有的事发生，接纳自己的不完美与世界的不确定。

如我，体现了一种超越外部变动的内在安定，是自我领导的最高境界，是通过与万物融为一体实现自我。"自我领导的状态"与"变化"的关系见表 7-1。

表 7-1　"自我领导的状态"与"变化"的关系

自我领导的状态	与"变化"的关系	发展特点
予我	恐惧变化	依赖外部评价，缺乏独立性，容易受到变化的干扰
由我	对抗变化	以自我为中心，有一套固有的行事标准，但这套标准过于刚性
借我	顺应变化	可以借助外部事物与环境的变化修炼自己
如我	超越变化	"天地与我并生"，允许一切发生，内心自在圆融

循环与突破

我们多次谈到自我领导是一个循环往复的过程（如图 7-2 所示），刚刚提到的这四重状态也并不是严格的进阶关系。我们可能会在某一瞬间进入某一重状态，但在另一时刻又回到另一重状态。我们可能会在某一时刻感受到不同状态的力量，而在另一时刻又会重新回到之前的状态，我们可能会在不同的状态之间来回跳跃。这种反复是正常的，也是我们不断成长和学习的一部分。

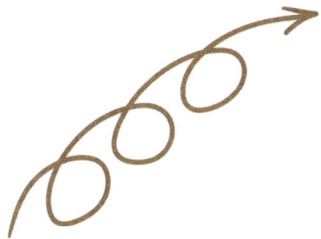

图 7-2　自我领导的循环与突破

每一次的循环和突破，都意味着我们在自我领导中逐渐积累经验，向更加成熟的自我领导迈进。虽然我们不一定能每时每刻都处于"如我"的境界，但在循环和突破的过程中，我们会发现自己在面对外部变化时，能更加从容与自信。

予我、由我、借我、如我这四重状态代表了自我探寻的不同层次，从依赖外界到完全融入内心的和谐。其间层叠变化与庄子在《逍遥游》中的思想有着颇多相通之处。"有所待"时，如宋荣子定乎内外也未能超脱毁誉是非，列子遨游长空也不免受制于"乘风"的束缚，始终无法达到真正的逍遥。所以，有时候我们需要放下对寻求"真我"的执念，因为所谓的"真我"是无法被找到的，它无时无刻不在变化。从"有待于物"到"无待逍遥"，生命在挣脱层层束缚中证悟本真，从他者定义的剧本，到与天地共写诗行。

对我们而言，重要的是，需要认识到每一重状态的存在，在这些状态之间寻求平衡，找到最适合自己的领导方式，进入自我领导的最佳状态。

"以自我为法"的本质，是借由内在的蜕变应对外界的无常。当我们开始思考何为"自我"时，"自我"的轮廓就已经开始在心底显现。在不确定的时代，唯一能让我们确定的就是对自我的领导，正所谓"无所待者自逍遥"！

第三节

领导力与新世界

2010 年，18 岁的我在上海世博会非洲联合展区第一次看到了人类祖母"露西"骨骼化石的唯一复制品。她被认为是最早直立行走的人类祖先，距今约 320 万年。她被发现改变了人类看待自身演化的方式，让我们得以回望自己的源头。而她的名字，则源于一个奇妙的瞬间——因考古营地庆祝会循环播放披头士乐队的 *Lucy in the Sky with Diamonds*（《露西在缀满钻石的天空》）而得名。

一项由科学主导的考古发现，却因一首充满诗意与想象的歌曲得名——极致的科学与极致的人文在这一刻交汇，这或许就是人类最浪漫的邂逅。

看着这位名字和我同音的"少女"，她的存在承载着整个人类的过去。我感觉她也在注视着我，仿佛冥冥之中，我们共享着某种隐秘的联系。我们之间，横亘着人类文明进化的长河，却又被某一种看不见的力量紧紧联结在一起。她的脑容量大概只有现代人类的三分之一，但她却迈着摇晃的步伐，腾出了双手去触摸、去创造。她并不完美，却在未知中走出了人类史上极其重要的一步。此刻的我们，何尝不是"露西"？当 AI 以算法重塑我们的逻辑时，当碳基与硅基的界限逐渐模糊时，我们是否能再次夺取进化的主动权？

Lucy is Lucy.（露西是露西。）

Lucy is everyone.（露西是我们每一个人。）

Lucy is everywhere.（露西无处不在。）

从个体到集体，再到宇宙中无处不在的意识涟漪。"露西"从未离开，只是以新的方式继续存在。

两份人类契约

我有幸参加过两次关乎人类未来走向的重要会议，深刻感受到当今全球面临的挑战与变革的急迫性和复杂性。

2015 年年底，第 21 届联合国气候变化大会在法国巴黎举办，各国领导人齐聚一堂，讨论温室气体排放问题、碳排放控制、可再生能源发展，全世界都在争分夺秒，试图遏制即将到来的生态灾难。大会的焦点集中在温室气体排放问题和如何通过国际合作控制全球气候变暖的幅度，所有讨论都指向一处：我们能否避免达到气温上升超过 2℃ 的"临界点"。这次大会达成的《巴黎协定》成为全球应对气候变化之路上的重要里程碑。

然而，尽管大会为人们带来了希望，但全球的碳排放量依然居高不下，相关政策与实际落地之间的脱节越发明显。化石燃料的依赖并未得到根本改变，而极端气候事件的频发，也让全球变暖的脚步越发不可被忽视。之后的几年中，我们共同目睹了冰川加速融化、海平面上升、气候难民增多……

随着全球气温的上升与海平面的升高，一些沿海国家和地区正面临被淹没的风险。同时，生物多样性的减少也令人痛心，约100万个物种面临灭绝威胁。此外，全世界的森林面积也在持续减少，不断加剧气候变化的严峻程度。

气候问题背后更深层次的危机是全球生产和消费模式的结构性问题。发达国家的经济体系仍然依赖高碳的工业化发展路径，很多发展中国家则希望通过这种模式实现现代化。在这个框架下，减排努力暴露出明显的全球不平等问题，那些最易受极端天气影响的国家，往往也是资源最贫乏的国家，而它们承受着全球变暖的最直接后果。

9年后的2024年，联合国未来峰会在美国纽约召开，这次会议被视作巴黎气候大会的续篇，然而它的讨论已经远远超越了气候问题的范畴。全球领导人开始反思整体发展模式，因为人类正面临一系列交织在一起的危机——不仅是生态危机，还涉及社会、经济、技术等方方面面。

不平等问题变得愈加严峻。全球财富的集中程度不断攀升，少数人掌控了大部分资源，世界大部分地区的贫困问题日益恶化。不平等现象不仅体现在经济层面，也体现在社会与环境资源层面。发达国家能够借助技术手段在一定程度上缓解气候危机带来的影响，贫困国家和地区则面临更加极端的生存挑战。这种不平等所带来的，不仅是生活条件的差距，更是全球社会紧张局势的不断升级，移民危机、社会动荡和政治不稳定问题出现得越发频繁。

技术变革带来的社会断裂正在重塑全球格局。人工智能、自动化和数字化革命正在改变传统的就业模式，大量工作岗位被机器取代，新的技术产业蓬勃发展。然而，这种技术红利并未被平均分配。许多人被数字经济排除在外，传统产业的工人面临失业风险，而新兴技术掌握在少数科技巨头手中，这带来了更深层次的社会分化。技术发展不仅加剧了贫富差距，也导致了社会身份与认同的重大转变。与此同时，技术带来的隐私、安全等问题，也让世界变得更加复杂且充满不确定性。

传统领导模式的失效

这些全球性问题表明，传统的领导模式正在失效。以往的领导力范式是由少数人领导多数人，依靠金字塔式的层级管理模式和领导者的决策、统治控制复杂局势。然而，今天的问题早已超出了少数领导者能够掌控的范围。因为我们面对的是一系列复杂的系统问题，它们组合在一起，超出了单一管理所能控制的范围，最终叠加出巨大的风险。

当前，不同国家和地区的领导模式仍然处在不同阶段的领导力"进化史"中。有些地方的领导力层次甚至停留在部落时代，还在依靠暴力解决问题；有些地方的领导模式固守封建式的权力斗争和控制逻辑；有些地方的领导力层次停滞在工业时代，一直在沿用效率、资本至上的管理逻辑……面对全球化的信息洪流和层出不穷的复杂问题，这些领导者的回应仍然是"控制"和"隔绝"，甚至是"倒退"。试图用几千年前的领导者心智去驾驭今日的飞速发展，显然是危险的。

非对称风险的转嫁

更深层次的问题是，传统领导模式中往往隐藏着一种"非对称风险"，即当系统遇到风险或危机时，真正承担后果的通常是追随者，领导者却身处相对安全的环境之中。在层级化的组织结构中，少数位于顶层的领导者负责做出重大决策，但他们对风险承担的程度往往远低于实际执行者和普通民众。

纳西姆·尼古拉斯·塔勒布（Nassim Nicholas Taleb）在《反脆弱：从不确定性中获益》一书中指出，真正的风险承担者应该是那些直接影响系统的人，他们不应将不确定性传递给下级或其他人。领导者若不能直面自身决策的后果，就无法真正推动系统的可持续发展。传统领导模式恰恰是由少数人控制资源和信息，而这些人却规避了他们本应承担的风险，从而导致出现系统性的不稳定。

这样的现实不仅让人们失去了对传统领导模式的信任，也让更多的人意识到——全新的领导力范式势在必行。我们已经没有时间去考虑是否要做出改变，也无法再对正在发生的事情不以为意。

不确定时代的应对之道：小环境与大系统

在充满不确定性的今天，依赖英雄式领导者解决复杂问题已经难以满足集体利益的需求。我们需要一种更加公平和风险对称的领导力范式——自我领导，即人人都应该成为领导者，对自己所处的局部生态承担责任。这不仅对个体生存至关重要，也是在集体层面上有效化解系统性风险的关键。

当每个人都能主动承担自我领导的责任时，就会形成一个个稳固的、自主的"个体小环境"。这些小环境可以增强个体应对风险的能力，也能通过分散的风险应对机制缓解整体系统的压力。在这种模式下，整个"生态大系统"从一个集中的、易崩溃的结构，转变为由多个自主的"个体小环境"构成的有机网络。这就好比我们都在同一艘船上，如果所有人都掌握了划桨的技能，那么船在面对风浪时自然会更稳。

一个个具有独立性和稳定性的小环境共同形成了风险缓冲区，使得风险不再集中积压于系统的中心，而是分解并消化在分散的节点上，系统的整体韧性因此提升，个体和集体能够共同受益。这样，每个人能在自己的小环境中找到归属感，也为整个生态系统的稳定和持久做出了贡献。

自我领导新世界

如果我们将自我领导的视角从个体延展到国家，就会发现这种领导模式同样适用于全球局势。

当前的国际舞台上，大国博弈加剧，各种冲突此起彼伏。我们也可以把一个国家看作一个拥有独立意志的个体，每个国家同样需要自我领导，以重新塑造国际秩序。个体的自我领导注重自我负责和不断成长，国家也应该将重心放在自身的发展和完善上，而非一味干涉或支配他国事务。霸权主义和强权政治只会加剧冲突与紧张，试图通过霸权维持国际秩序，只会导致更大的不稳定。

我们共同生活在这个美丽而脆弱的蓝色星球上，资源的有限性让我们不得不意识到，没有哪个国家可以独自应对挑战，也没有哪个国家的利益能够凌驾于整个地球的福祉之上。我们共同的命运，终将取决于合作还是对抗。

AI 时代的领导力要求我们拥有穿透复杂性迷雾的洞察力，能够融合古老智慧与现代技术，找到一条新的发展路径。最重要的是，我们需要意识到每个人都能通过自我领导做出改变。每个个体的觉醒和行动，都将汇聚成巨大的社会变革力量。作为普通人的我们看似微不足道，实际上，我们的行动和选择都是引领未来世界发展的关键所在：从自我领导，到领导他人，再到领导复杂性。

从生物体到意识算法，从碳基思考到硅基协同，从线性演进到多维共生，我们正在参与创建一个全新的文明形态。没有固化的权威，没有繁复的规则，只有演化中的智能体，共享、共生、共存、共建。新世界正在生成，每个人都是编写新文明脚本的变量。

欢迎来到新世界。

后　记

感谢你花时间来阅读这本书，这意味着你也在关注自己，渴望自我领导。

这本书最初的书名拟为《个体领导力》，源于我在 2021 年提出的一个原创理论。那时，我刚刚构建起这套理论体系，更多的是从一个研究者的视角，试图描绘新时代的领导力范式图景。2022 年年底，ChatGPT-3.5 的出现深深震撼了我——我突然意识到，AI 时代已经呼啸而至，我们每一个个体都不得不重新审视自己与技术、世界之间的关系。从那时起，我萌生了写一本书的念头——给 AI 时代中"每个人"的领导力指南。

但坦白说，起初我还是有一些犹豫。作为一名新人作者和相对年轻的领导力研究者，我是否真的有资格去谈这样宏大又具体的主题？

真正让我下定决心动笔的，是我女儿的到来。

她是 AI 时代的"原住民",将与智能共生,在一个我无法完全预见的世界中长大,注定要独自面对许多我未曾经历的情景。作为母亲,在如此不确定的未来面前,我能给予她的,其实极为有限。我无法替她走完那条路,却希望她始终拥有一盏灯,哪怕光亮微弱,也能在她迷茫的时刻为她照亮脚下的路。我想把自己所理解的那些成长中最重要的东西写下来,留给她。与此同时,在她身上,我也学到了很多。她总是本能地回应世界——试图翻身、追一束光、抓一个影子等,她用身体去探索、去碰撞、去感知,从不害怕犯错。

在这个前所未有的 AI 时代,我们每个人其实都像婴儿一样,既好奇又无措。面对未知,没有谁是真正准备好了的。既然我们都是第一次经历这样的时代,那不如让我们彼此分享、共同探索、一起参与未来的生成。这本书,写给我的女儿、写给我自己,也写给每一位走在自我探索路上的人。对我而言,写下它的过程,本身就是一次真实的自我领导实践。

写作完成后,我请场景实验室的创始人吴声老师为本书作序。他看完书稿后,问了我一个非常关键的问题:"为什么不直接叫《AI 领导力》?"这个问题让我不得不停下来,去重新思考我在自序中提到的那个关乎人类与 AI 的关系的问题:领导 AI,还是被 AI 领导?其实,无论是每个个体还是人类集体,面对 AI,我们有且只有唯一解:领导 AI。而自我领导,正是领导 AI 的元能力，这也是我最终将书名定为《自我领导》的原因。Leading yourself before leading AI——先领导自己，再领导 AI。

感谢吴声老师又一次在关键时刻把我引向了更清晰的方向。

事实上，这本书的创作过程，也是一场与 AI 的时间竞赛。AI 进化的速度，远超我们的想象。当我开始动笔时，DeepSeek 还未推出，ChatGPT-4 也尚未问世，OpenAI o1 还只是一个尚未具象化的概念。而在书籍创作进入尾声时，我已经有了关于 AI 更多的思考。假如再给我两个月的时间，也许我能写得更深入、更完整。但我越发清晰地意识到，时间不会等任何人，AI 的迭代更不会。它不会等我们准备好，不会等我们打磨完美，我们甚至无法预测下个月，它将进化成什么模样。

正因如此，我决定让这本书如期出版——以最快的速度呈现出来，才是对每一位读者与探索者的尊重。

这本书中哪怕只有一个观点、一段文字触动了你，帮助你在某个瞬间找到力量或方向，那便是我最大的欣慰。当然，我深知它仍有诸多未尽之处。领导力话题本身就极其广泛，尤其是在 AI 快速发展的背景下，我们所处的情境比以往更加多变、更加不可预测。书中有些观点尚需进一步打磨、验证与实践。再加上文字功底所限，很多信息未能做到很好的处理和传达。当我计划把所有思考与素材转化为完整的作品，再一个字一个字呈现出来的时候，写作的过程并不像想象中那样行云流水。很多时候，我会因为逻辑不顺畅、案例不生动、衔接不自然而苦恼。但我知道，这正是我想把领导力思维分享给更多人时所必须面对的真实功课——接纳不完美，仍然勇敢向前。所以，我把这本书视为一部开放的作品，探索仍在继续。我也由衷地期待你们的反馈和建议，你们的声音也将帮助我持续"进化"。

在此，我想特别感谢那些在写作过程中给予我支持和帮助的人。

感谢我的主编郑婷老师，正是她一路上的陪伴与启发帮助我明确了这本书所要传达的核心价值。她不仅是一位能够敏锐洞见时代趋势的优秀出版人，更是一位真正理解作者、关照作者内心的人。在沟通之初她就给予我极大的信任与鼓励，更是在整个出版过程中展示出始终如一的专业，让这本书从一个想法一步步走到了读者面前。

同时，感谢文字编辑婧姮老师、营销编辑青枝老师的细致与耐心，感谢人民邮电出版社以及出版团队的每位同仁的严谨与默默付出；也感谢我的家人，特别是我的老公，是他的支持和包容让我能够专注投入创作；感谢我的爸妈，你们的理解和鼓励一直是我前行的力量；感谢我的女儿，是你的到来，让我们一起迎来"新生"。

最后，感谢你——每一位读到这本书的读者。因为你们的存在，这本书有了更多的意义。愿它可以成为你们迈向 AI 时代的领导力指南，帮助你们激活属于自己的个体领导力。虽然本书已至尾声，但我想告诉大家的是，这或许只是开始。这本书的出版，并不是一个终点，而是一个新起点。我已然知晓什么是值得我用一生去探索的事情，就像我所坚持认为的那样——当使命感到来的时候，你可以强烈地感受到它。

　　十年为期，廿载为约，有生之年，此志不改。虽山高路远，愿与诸君同行！

　　　　　　　　　　　　　　　　　　　　——陆熹 敬上